Wie ich Fotos mache

# David Yarrow

**MASTERS OF PHOTOGRAPHY**

**DAVID YARROW**
**Wie ich Fotos mache**



Midas Collection
ISBN 978-3-03876-214-0



Übersetzung: Gregory C. Zäch und Martina Panzer
Lektorat: Claudia Koch
Design: Nicolas Pauly and Florian Michelet

Midas Verlag AG
Dunantstrasse 3, CH-8044 Zürich
E-Mail: kontakt@midas.ch

Die englische Originalausgabe ist 2021 erschienen
bei Laurence King Publishing Ltd, London.

Die deutsche Nationalbibliothek verzeichnet diese Publikation in der
Deutschen Nationalbibliografie; detaillierte bibliografische Daten sind im
Internet über www.dnb.de abrufbar.

MASTERS
OF.PHOTOGRAPHY

# Wie ich Fotos mache
# David Yarrow

Midas Collection

# Inhalt

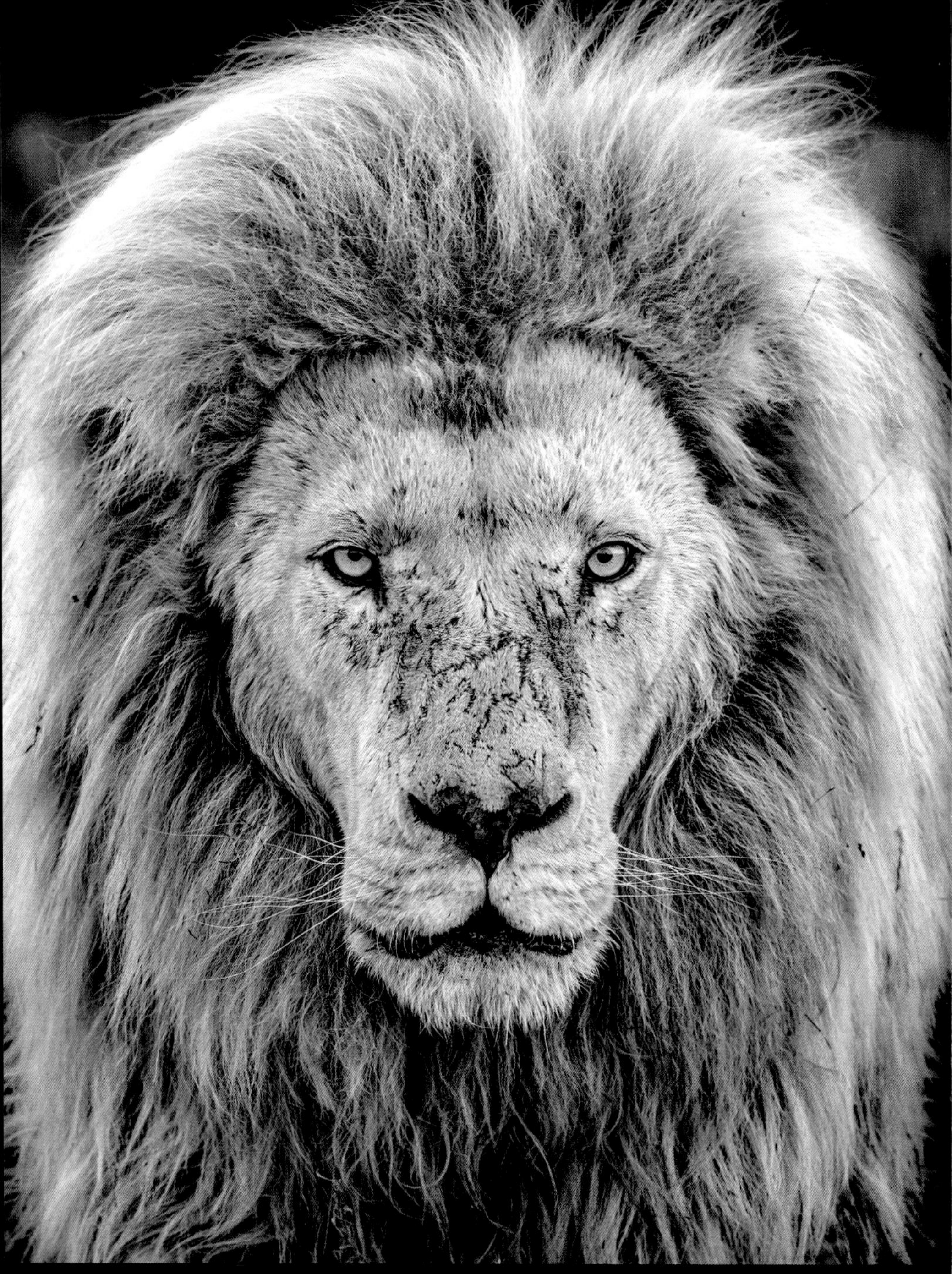

1

# Wer sind Ihre Helden?

## *Von anderen lernen*

Willkommen zu meiner Masterclass in Fotografie. Ich fühle mich geehrt, bereits der zweite schottische Fotograf zu sein, der ein Buch in der Reihe »Masters of Photography« publiziert. Der erste, Albert Watson, ist einer meiner Helden. Er hat mich gelehrt, kreativen Mut zu haben – mich ohne Angst künstlerisch zu verwirklichen – und das ist, glaube ich, die Grundlage der Fotografie.

Jeder Künstler sollte akzeptieren, dass es immer viel zu lernen gibt, und so hoffe ich, meine Erfahrungen aus einer Position der Demut heraus weitergeben zu können. Die Fotografie ist natürlich eine Kunst. Es gibt großen Spielraum für Individualität. Ich hoffe, dass ich Ihnen mit diesem Buch Mut machen und Ihnen zeigen kann, wie Sie als Fotograf besser werden und aufbrechen, um die Individualität in den Mittelpunkt Ihres Handelns zu stellen. Meine Absicht ist es nicht, in einer diktatorischen, bevormundenden Weise zu sprechen. Vielmehr möchte ich mich auf diese Reise begeben und frei über die Dinge erzählen, die mir wichtig sind.

Ich werde hier nur wenig über Kameraauflösung und Blendenstufen, Verschlusszeiten und ISO-Werte reden, denn die Kamera ist nur ein Hilfsmittel; der Mensch ist das, was ein Foto wirklich ausmacht. Ich hoffe, dass ich ein wenig von dem weitergeben kann, was ich im Laufe meiner vielen Jahre in der Fotografie

**Gegenüber:** *Gandalf*, Südafrika, 2019

gelernt habe, und dass ich Sie dazu ermutigen kann, Ihr eigener größter Kritiker zu sein. Und ich möchte Ihnen helfen, Ihre Träume zu erfüllen, indem Sie Spitzenleistungen anstreben.

Mit 17 oder 18, als ich lernte, Fotograf zu werden, war ich wie ein Schwamm. Ich saugte alles auf, was meine fotografischen Helden taten – und ich hatte viele Helden. Das war in den späten 1980er-Jahren. Damals war Sport ein großes Thema für mich, und Sportfotografen waren meine größten Vorbilder. Die Zeitung *The Observer* hatte damals einen der besten, wenn nicht den besten Sportjournalisten: den inzwischen verstorbenen Hugh McIlvanney, den ich sehr bewunderte. Ich verehrte auch Eamonn McCabe, der bei der gleichen Zeitung arbeitete, und Chris Smith, ebenfalls vom *Observer* und später von der *Sunday Times*. Ich kannte die Geschichte hinter jedem ihrer Fotos, ob es nun Smiths Bild von Muhammad Ali in Miami oder McCabes Foto der Hände des Boxers Sylvester Mittee war. Ich hatte das Glück, McCabe und Smith bei der Fußballweltmeisterschaft 1986 in Mexiko und bei den Olympischen Winterspielen 1988 in Calgary, Kanada, zu treffen, und ich erinnere mich, dass ich dabei sehr nervös war.

»Sportfotografen waren meine größten Vorbilder ... Beide [McCabe und Smith] arbeiteten hauptsächlich in Schwarz-Weiß, daher bestimmte die Schwarz-Weiß-Fotografie von Anfang an meinen Weg.«

Beide Fotografen arbeiteten hauptsächlich in Schwarz-Weiß, sodass die Schwarz-Weiß-Fotografie meinen Weg bestimmte.

Ein weiterer meiner Helden ist der große amerikanische Landschaftsfotograf Ansel Adams, der sagte: »Man macht ein Foto nicht nur mit einer Kamera. Man bringt in den Akt des Fotografierens all die Bilder ein, die man gesehen hat, die Bücher, die man gelesen hat, die Musik, die man gehört hat, die Menschen, die man geliebt hat.« Das spricht mich wirklich an, denn es geht

**Gegenüber:** Eamonn McCabe, *Sylvester Mittee*, King's Cross, London, Großbritannien, 1984

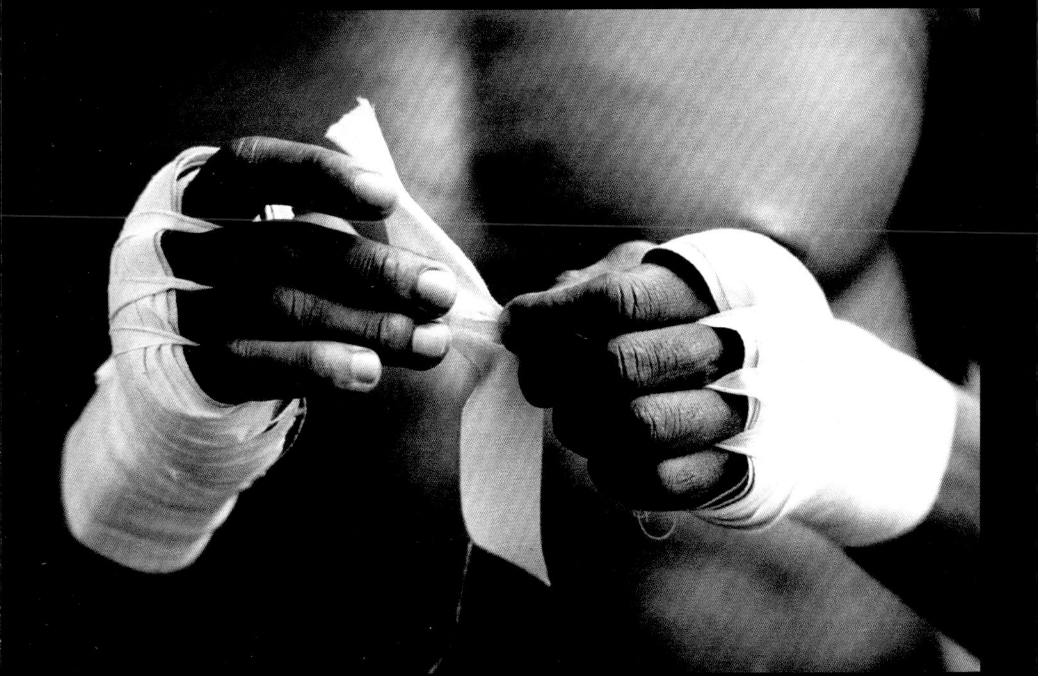

nicht nur um den Moment, in dem man auf den Auslöser drückt, es geht darum, wer man ist und was man alles erlebt hat.

Ich finde viele meiner Ideen, indem ich herumlaufe, mich umschaue und auch Filme studiere. Filmemacher – insbesondere Steven Spielberg, Ridley Scott und Martin Scorsese – haben einen großen Einfluss auf meine Karriere gehabt. Mitreisende im Flugzeug sind manchmal etwas verwundert, denn wenn ich mir einen Film ansehe, zücke ich oft meine Kamera und fotografiere einen Moment, der mich anspricht und eine Idee weckt. Es muss aussehen, als wäre ich verrückt, aber ich schaue mir nur genau an, wie Scorsese eine Szene gestaltet hat.

Ansel Adams sagte: »Man bringt in den Akt der Fotografie alle Bilder ein, die man gesehen hat, die Bücher, die man gelesen hat, die Musik, die man gehört hat, die Menschen, die man geliebt hat.«

Robert Capa hat einmal gesagt: »Wenn deine Bilder nicht gut genug sind, bist du nicht nah genug dran« – das trifft auch auf meinen Stil zu. Ein gutes Filmbeispiel ist *The Revenant* (2015), für den Emmanuel Lubezki Morgenstern den Oscar für die beste Kameraführung gewann. Es gibt viele Sequenzen, in denen die Kamera sehr, sehr nah an das Gesicht von Tom Hardy oder Leonardo DiCaprio herankommt. Man hat das Gefühl, damals direkt bei den Trappern gewesen zu sein, und kann nachempfinden, was sie fühlen und durchmachen. Die Herangehensweise ist absichtlich immersiv und die Wahrnehmung dementsprechend sehr intim. Ich mag es, Bilder zu machen, die eine Emotion auslösen und es so den Betrachtern ermöglichen, in eine Szene einzutauchen.

Ich will damit nicht sagen, dass man die Arbeit anderer kopieren soll, aber lassen Sie sich von dem inspirieren, was andere gemacht haben. Hören Sie nie auf, von anderen Menschen zu lernen. Einige der ganz Großen, die ich im Laufe der Jahre kennenlernen durfte, sind etwas älter als ich, und selbst sie lernen immer noch dazu.

**Gegenüber**: Ansel Adams, *Moon and Half Dome*, Yosemite-Nationalpark, Kalifornien, USA, 1960

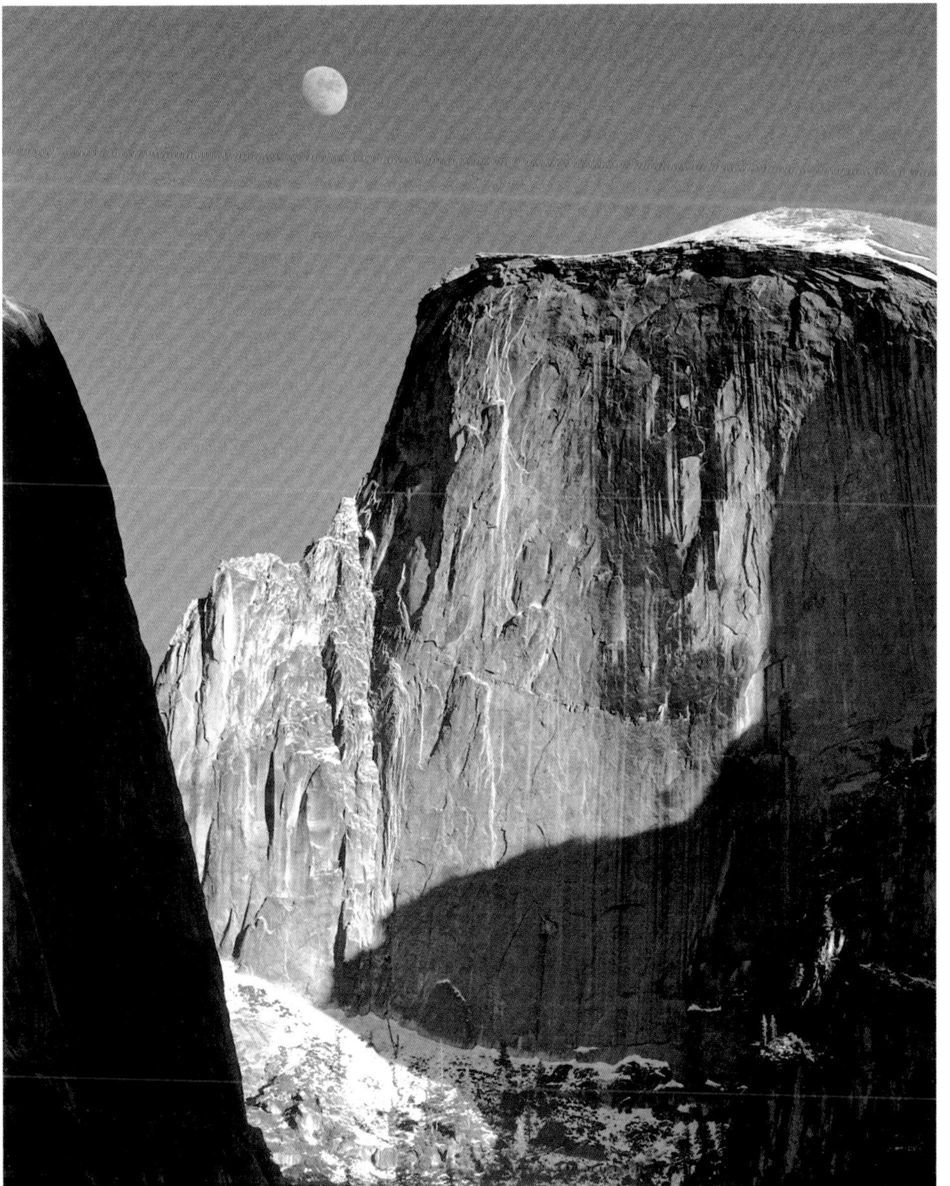

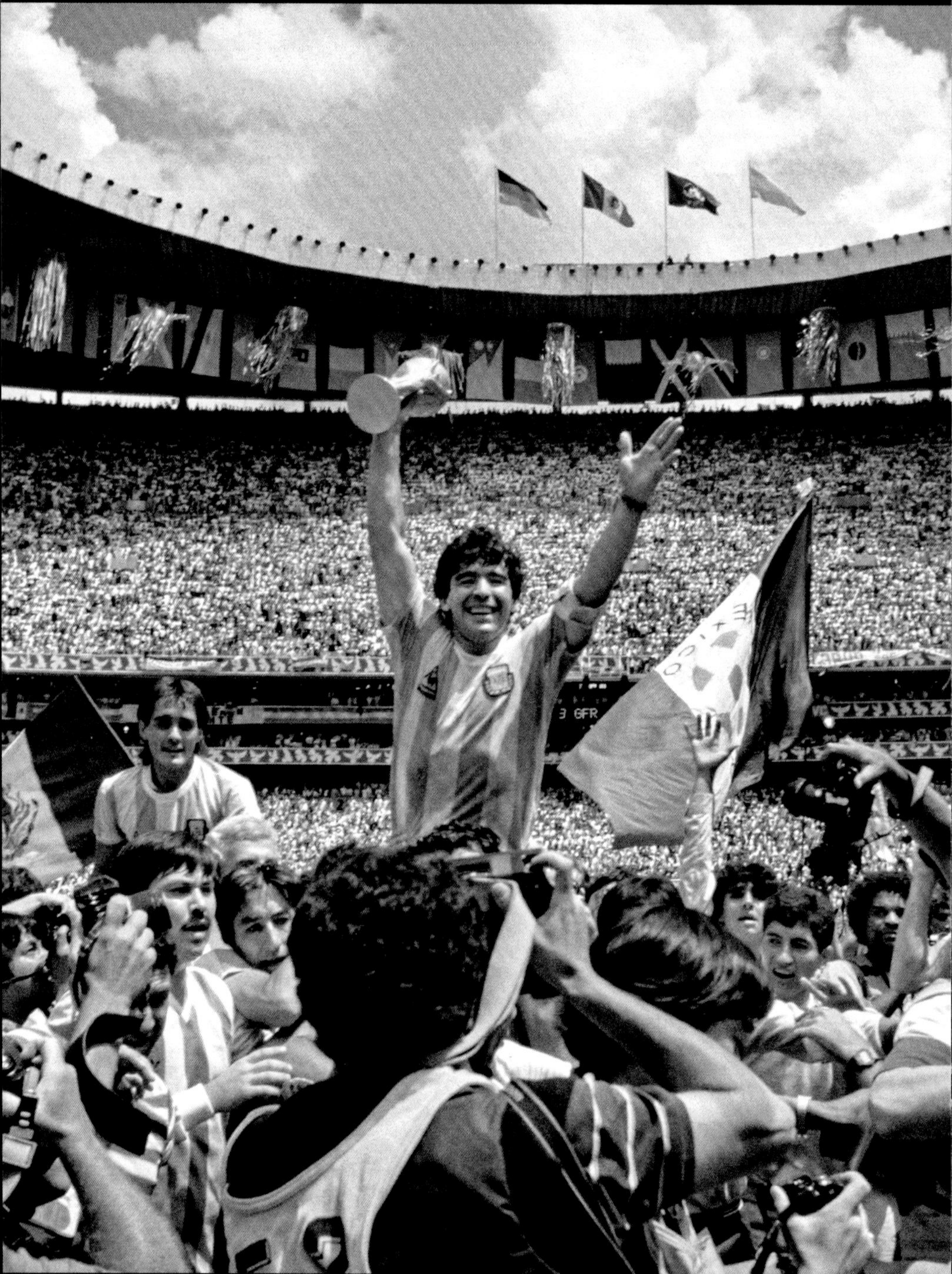

2

# Die frühen Jahre

## *Wie ich meine Berufung fand*

Ich wurde 1966 in Glasgow geboren. Mein Vater, Eric, war Schiffsbauer und meine Mutter, Annette, Bildhauerin. Ihre Ehe ging in die Brüche, als ich acht Jahre alt war. Meine Mutter zog nach England und heiratete einen Ex-Armeeoffizier, und ich ging mit. Ich hatte nichts mit ihrem neuen Mann gemeinsam, aber er fotografierte, und als Teenager interessierte ich mich mehr und mehr für die Fotografie.

An meiner Schule gab es eine Dunkelkammer und eine Foto-AG. Als ich zum ersten Mal einen Abzug im Entwicklerbad sah, hatte ich instinktiv das Gefühl, dass die Fotografie Teil meines Lebens werden könnte. Es war eine unglaublich emotionale Erfahrung, eine Art Epiphanie. Andere Fotografen werden wahrscheinlich etwas Ähnliches sagen. Von diesem Tag an wusste ich jedenfalls, dass die Fotografie eine große Rolle in meiner Zukunft spielen könnte.

Mein eigentliches Interesse galt damals dem Sport, und die Sportfotografie wurde eine praktische Verbindung meiner beiden Interessen. Später, als ich an der Universität von Edinburgh Betriebswirtschaft studierte, begann ich, den schottischen Fußball zu fotografieren. Ich hatte eine Nikkormat und eine Nikon FM2 und bekam bei Spielen Zugang zum Spielfeld. Ich war nicht spektakulär, aber ich war recht gut, und ich wollte besser werden.

**Gegenüber:** *Maradona*, Fußball-WM-Finale, Mexiko, 1986 (Detail)

1985 wurde ich Mitarbeiter eines lokalen Fußballmagazins und lernte sehr schnell eine Menge über Sportfotografie. Die Autofokus-Technologie war damals noch nicht so ausgereift wie heute, und man musste die Kamera bewegen, wenn sich der Spieler von einem weg oder auf einen zu bewegte. Das war eine schwierige Aufgabe. Wenn ich abends über Spiele berichtete, musste ich bei schlechtem Flutlicht fotografieren und zwei Blendenstufen höher wählen. In der vordigitalen Ära hat man einen Schwarzweißfilm mit ISO 400 auf 1600 »gepusht«, was bedeutete, dass man etwas mehr Zeit für die Entwicklung benötigte. Ich verwandelte mein Schlafzimmer zu Hause in eine Dunkelkammer, und auch mein Zimmer an der Universität wurde behelfsmäßig umgerüstet. Meine Mitbewohner waren nicht begeistert, weil es die ganze Zeit ziemlich übel stank.

Im folgenden Jahr qualifizierte sich Schottland für die Fußballweltmeisterschaft in Mexiko. Das erste Spiel der Schotten war gegen Deutschland, und ich fotografierte von der Tribüne aus. Am nächsten Tag hatte ich ein Treffen mit dem Präsidenten des schottischen Fußballverbands, und zu meiner Überraschung erhielt ich eine Akkreditierung, obwohl ich nur ein Fan mit einer Kamera war, der für eine unbekannte Zeitschrift fotografierte. Das wäre heute nicht mehr möglich.

Es kam also zum Finale. Die FIFA hatte eine Regel, die besagte, dass jede Nation, die sich für die Weltmeisterschaft qualifiziert

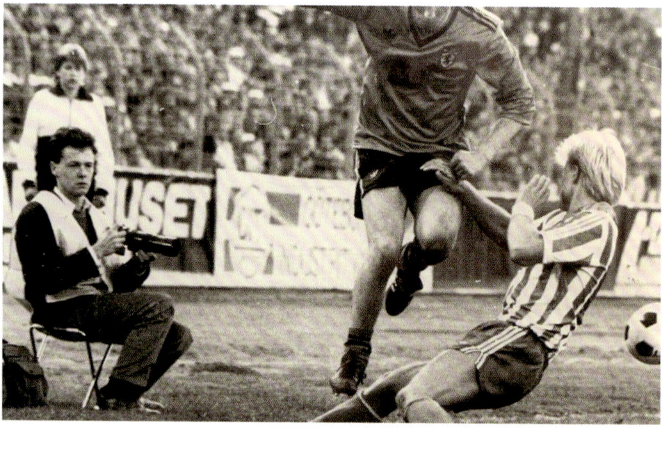

**Oben:** David Yarrow beim Finale der Fußball-WM, Göteborg, 1987
**Gegenüber:** Bei der Fußball-WM, Mexiko, 1986

hatte, einen Fotografen am Spielfeldrand haben durfte. Deshalb durfte ich das Spielfeld betreten, weil alle anderen akkreditierten schottischen Fotografen nach Hause gefahren waren.

Die Fotografen, die für Zeitungen wie *The Scotsman*, *The Herald* und *Daily Record* arbeiteten, waren bereits nach der ersten Runde abgereist – diese Zeitungen wollten auf keinen Fall weiter für ihre Spesen aufkommen, wenn sie ein Bild von einer Fotoagentur wie Allsport kaufen konnten. Wie sich herausstellte, brauchte aber eine der großen Londoner Zeitungen an diesem Tag einen zweiten Fotografen auf dem Spielfeld. So kam es, dass ich im zarten Alter von 20 Jahren für die *Times* beim Finale der Fußballweltmeisterschaft arbeitete.

Nach dem Spiel zwischen Deutschland und Argentinien stürmten argentinische Fans auf das Spielfeld, und es kam zum Chaos. Ich hatte zwei Kameras dabei, eine Nikkorama mit 35-mm-Objektiv und das große 400-mm auf der anderen. Die einzige Möglichkeit, nahe an Diego Maradona heranzukommen und eine Chance auf ein Foto zu haben, bestand darin, die unhandliche im Netz hinter der Torlinie liegen zu lassen und mit der kleinen Kamera zu ihm zu eilen (damals war ich flinker und fitter als heute). Der argentinische Starspieler schaut mich mit ausgestreckten Armen an, während im Hintergrund die mexikanische Flagge flattert.

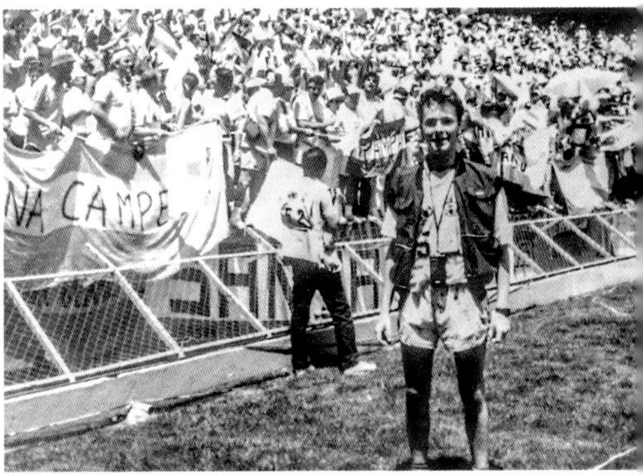

Ich habe während des gesamten Turniers nur ein einziges vernünftiges Foto gemacht, und zwar dieses Bild, das Sie auf Seite 12 sehen. Ich war nur wenige Meter von meinem Motiv entfernt, und das ermöglichte es mir, dieses beeindruckende Bild zu machen. Das war ein großer Moment für mich als junger Fotograf.

Danach berichtete ich über den Alpinen Skiweltcup 1987 und die Olympischen Winterspiele 1988 in Calgary und lernte dabei eine ganze Menge. Nach meinem Abschluss erhielt ich ein Angebot für eine Trainee-Stelle von der NatWest Bank und ein weiteres für einen unbefristeten Vertrag von Allsport, beide mit dem gleichen Anfangsgehalt. Letztendlich habe ich Ersteres angenommen. Ich stellte meine Kameras in den Schrank, aber die Anziehungskraft der Fotografie ließ mich nie wirklich los.

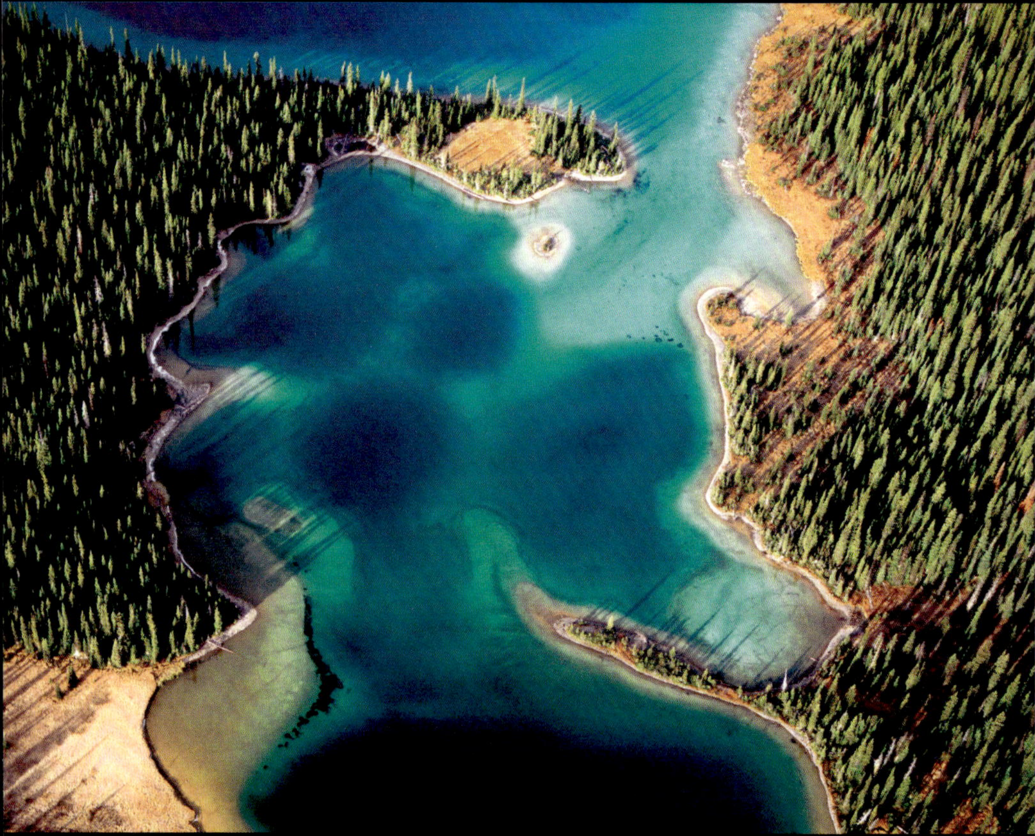

3

# Eine wichtige Entscheidung

## *Vom Börsenparkett in die Natur*

Im Herbst 1988 kam ich zu County NatWest, der Handelsbanktochter der NatWest Bank in London. Ich war ein junger Mann, der in einen großen Händlerraum geworfen wurde, ähnlich wie in den Filmen *Wall Street* und *The Wolf of Wall Street*. Man konnte jeden Moment gefeuert werden, wenn man nicht genug Geld oder Umsatz machte. Ich zog nach New York und arbeitete mit amerikanischen Kunden auf dem britischen Aktienmarkt. Ich war quasi ein Verkäufer. Als ich 1992 nach Großbritannien zurückkehrte, dachte ich immer wieder: »Ich möchte auf der anderen Seite stehen - ich möchte die Person sein, die die Aufträge erteilt.«

Und so traf ich Mitte der 1990er-Jahre die recht leichtfertige Entscheidung, das Bankwesen zu verlassen und meinen eigenen Hedgefond zu gründen. Ich war gerade mal 29 Jahre alt, und um ehrlich zu sein, wusste ich nicht wirklich, was ich da tat. Glücklicherweise schlug ich mich aber ganz gut. Ich verwaltete nicht mehr kleine Geldbeträge, sondern fast eine Milliarde Dollar. Mein Team wuchs von vier auf 30 Mitarbeiter an, und mein Leben wandelte sich von einem angenehmen zu einem schrecklichen. Es herrschte ein enormer Druck, denn wir kümmerten uns um das Geld und die Karrieren vieler Menschen. Ich versuchte, ein Investor und ein Manager zu sein, und außerhalb der Arbeit auch noch ein Vater und Ehemann. Etwas musste unter die Räder kommen, und es war meine Ehe, die nicht überlebte. Das war 2006. Ich hatte zwei kleine Kinder und es war sehr hart - ein Tiefpunkt in

**Gegenüber:** *Boom Lake*, Alberta, Kanada, 2007

meinem Leben. Zwei Jahre später brach die Welt zusammen, in der ich gearbeitet hatte. Der Finanzcrash bedeutete, dass es den Job und die Kundenstamm, den ich betreute, nicht mehr gab.

Von 2003 bis 2007 bestand meine Rettung darin, ganz weit wegzufahren. Ich reiste in einige der entlegensten Gegenden der Welt. »Warum eigentlich nicht?«, dachte ich. »Warum nicht nach Grönland, Island oder Chile gehen, wo keine Anwälte oder Investoren mit mir in Kontakt treten können?« Wenn ich jetzt zurückblicke, wird mir klar, dass ich einfach nur fliehen wollte.

2007 produzierte ich ein Buch mit Farbfotografien von Landschaften, die ich mit einer Hasselblad aufgenommen hatte. Es hatte den Titel *Nowhere* und fasste in gewisser Weise zusammen, wo ich in meinem Leben stand. Ich wollte damit kein Geld verdienen, und alle Einnahmen aus dem Buch gingen an wohltätige Zwecke. Ich war auf einer Reise, und ich brauchte etwas anderes, eine Leidenschaft, die meine Energie bündelt. Ich erinnere mich, dass jemand aus meiner Branche bei einer Veranstaltung zu mir sagte: »David, du scheinst dich mit einer Kamera in der Hand viel wohler zu fühlen als mit einem Bloomberg-Terminal.« Und er hatte Recht. Die Fotografie war meine Flucht; hier konnte ich ich selbst sein.

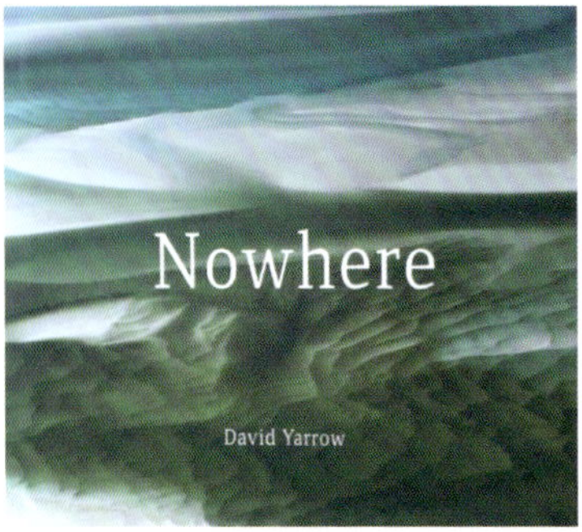


Ich hatte nie das Gefühl, dass ich in meinem Finanzjob besonders gut war. Ich habe hart gearbeitet, aber ein Großteil meines Erfolgs war Glückssache. Im Finanzhandel kann man in einem Jahr Glück haben und im nächsten Pech. Ich wusste nicht, wer ich war. Ich wollte etwas tun, bei dem ich das Gefühl hatte, dass es eine Kontinuität gibt, und die Fotografie schien mir das zu bieten.

Wahrscheinlich verdanke ich dem Fotografen Jim Brandenburg sehr viel. Ich hatte nie das Privileg, ihn zu treffen, aber sein ikonisches Bild eines halben Wolfskopfes, der hinter einem Baum hervorlugt, wird allgemein als Schlüsselmoment in der Geschichte der Wildtierfotografie angesehen. Dadurch wurde mir klar, dass ich eine Karriere als Kunstfotograf anstreben und dabei Wildtiere fotografieren wollte.

**Oben:** Cover von *Nowhere*, erschienen 2007
**Gegenüber, oben:** Maelifellssandur, Island, 2006
**Gegenüber, unten:** Bantham Beach, England, 2005

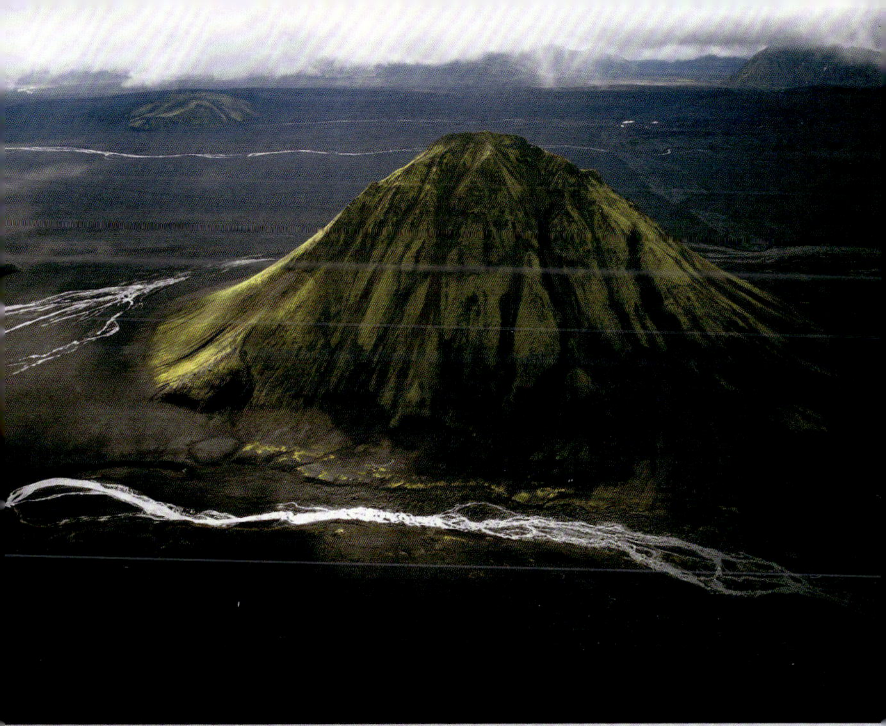

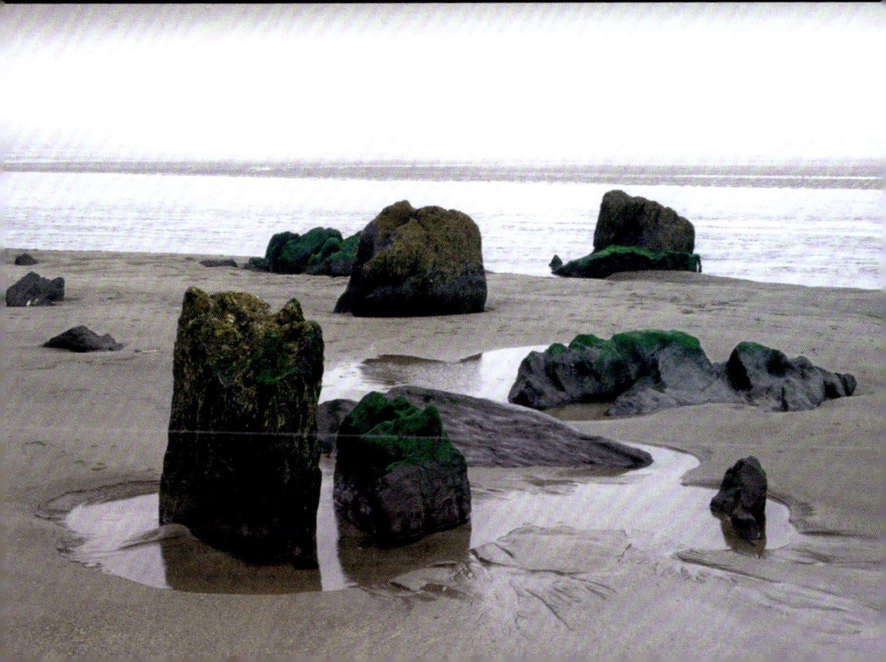

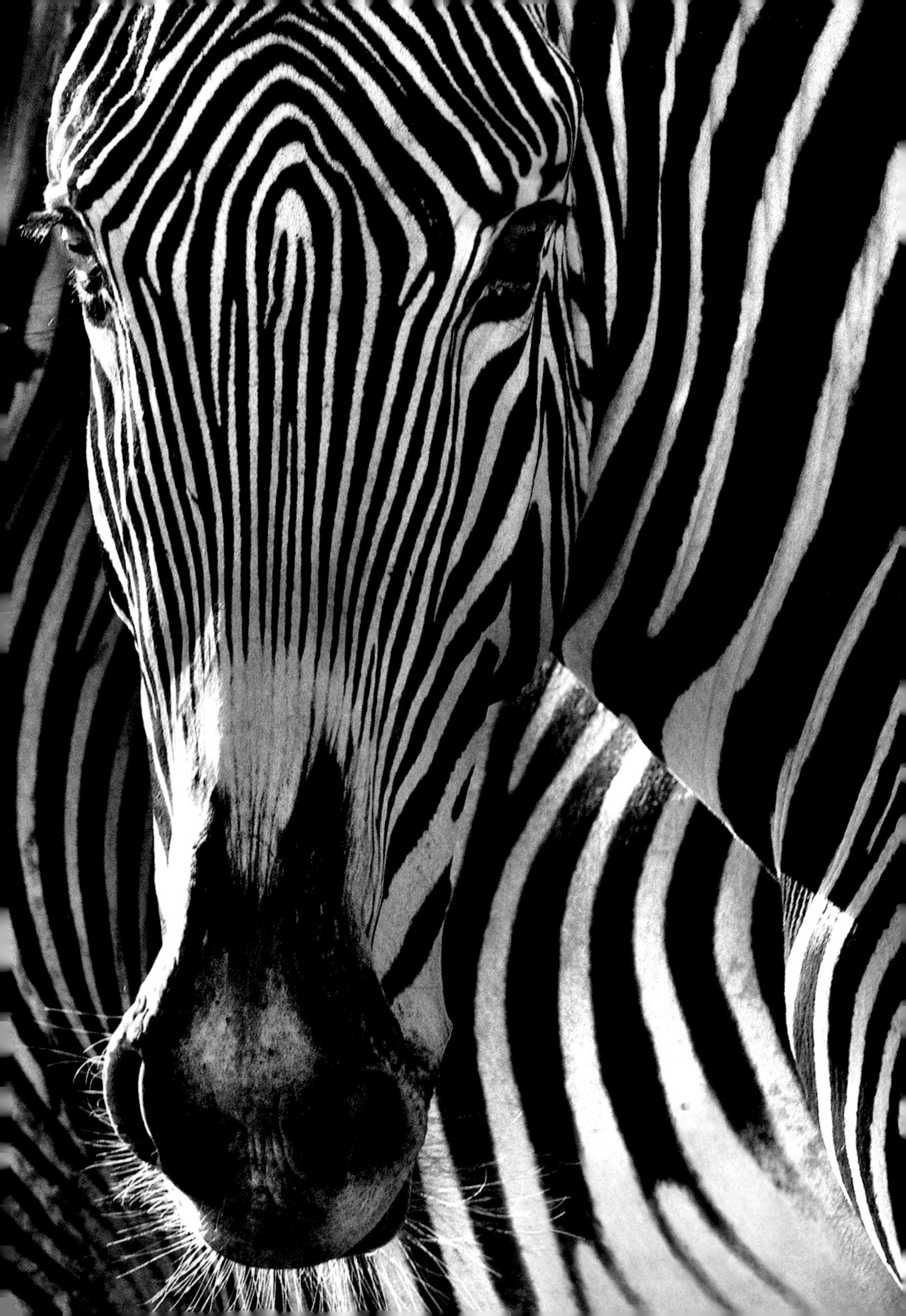

4

# Machen Sie Ihre Hausaufgaben

## *Die Bedeutung von Recherche und Vorbereitung*

Wenn ich vorhabe, an einem Ort zu fotografieren, vor allem an Orten, die mir neu sind, verbringe ich immer viel Zeit damit, nicht nur die Logistik der Anreise und der Fortbewegung zu planen, sondern auch, was und wie ich fotografieren möchte. Mein Team und ich gehen nie vor Ort, ohne uns gründlich vorbereitet zu haben. Ich fotografiere etwa 95 Tage im Jahr. Die Leute fragen mich, was ich mit dem Rest meiner Zeit mache. Nun, ich verbringe zunächst einmal viel Zeit damit, an die Orte zu kommen, die ich fotografiere, aber wenn ich nicht reise, betreibe ich eine Menge Recherche – das vielleicht am meisten unterschätzte Wort in der Fotografie. Die Recherche ist die Grundlage für alles, was ich tue.

Wir haben heute einen großen Vorteil gegenüber früheren Generationen, denn wir haben alles in Reichweite. Das Internet hat mir in meiner Karriere als Fotograf sehr geholfen, denn es ermöglicht mir, ein Thema zu erkunden, bevor ich irgendwo hinfahre. Wenn ich ankomme, habe ich bereits so viel recherchiert und mir so viele Gedanken darüber gemacht, was ich machen will, dass ich Vertrauen in meine Vision habe und genau weiß, wie ich sie umsetzen werde. Unterschätzen Sie niemals, wie viel besser man als Fotograf werden kann, wenn man sich gut vorbereitet. Meine besten Bilder entstehen in Sekunden, und doch habe ich stundenlange Recherchen angestellt. Für mich gibt es keinen Zweifel daran, was bei der Produktion eines großartigen Bildes am wichtigsten ist: Es ist die Arbeit, die man leistet, bevor man

**Gegenüber:** *The Puzzle*, Lewa, Kenia, 2013 (Detail)

die Kamera in der Hand hält. Der schwierigste Teil der Arbeit eines Fotografen ist Ideen zu entwickeln und zu entscheiden, welche davon weiterverfolgt werden sollen. Sobald mein Team und ich ein Konzept haben (und wir verwerfen 99 % davon), liegt es an mir, es technisch umzusetzen. Aber der Prozess vor dem Einsatz der Kamera ist das Wichtigste.

In der Regel schaue ich mir zunächst Fotografen an, die dort waren, wo ich hinwill, und stelle Bilder zusammen, die mir als Inspiration dienen – Bilder, die mich ansprechen und mich zu neuen Ideen und Gedanken anregen. Man muss sich seinen eigenen Weg zu einem Thema suchen, aber anstatt mit einem leeren Blatt Papier zu starten, informiere ich mich lieber darüber, was andere gemacht haben.

Egal, ob Sie einen Tag in Merseyside oder in einem Dorf in Marokko fotografieren wollen, als Erstes sollten Sie sich den Ort ansehen und die Bilder finden, die es von dort bereits gibt. Einige mögen Sie vielleicht, andere nicht, aber studieren Sie die Bilder und fragen Sie sich, was funktioniert und was nicht. Es ist entscheidend, dass Sie sich im Voraus Zeit nehmen, um zu überlegen, welche Aufnahme Sie erzielen oder zumindest ausprobieren möchten. Die eigentliche Aufnahme ist der letzte Teil eines langen Prozesses; sie ist der Höhepunkt. Das gilt wohl für fast alle Arten der Fotografie.

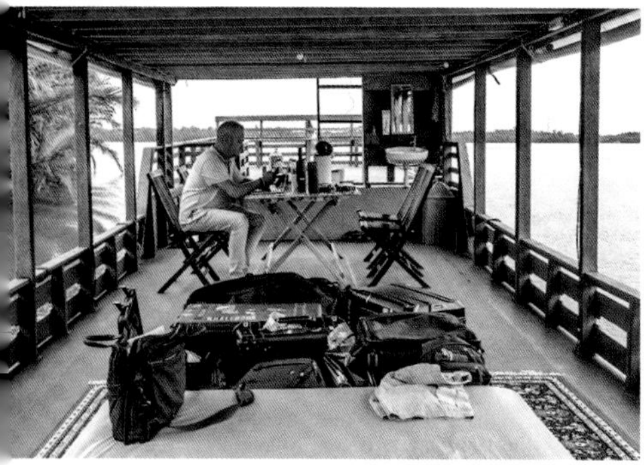

Es gibt Fotografen, die Bilder »machen«, und Fotografen, die Bilder »aufnehmen«. Ich gehöre eher zu den Machern. Für mich bedeutet das, dass ich recherchieren und eine klare Vorstellung davon haben muss, was ich erreichen will. Mein Ziel ist es nicht, das Verhalten von Tieren so zu dokumentieren, wie es ein Fotograf von National Geographic tun würde (obwohl ich großen Respekt vor ihnen habe). Ich bin auch nicht daran interessiert, mit einem Portfolio von Bildern zurückzukehren, und ich fühle mich auch nicht unter Druck gesetzt, einen Fotoessay zu erstellen. Ich möchte künstlerische Bilder schaffen, Unikate, intime Fotografien mit Seele, Tiefe und Gefühl.

**Gegenüber:** *Elephant Uprising*, Amboseli-Nationalpark, Kenia, 2016
**Oben:** David in Borneo, 2018

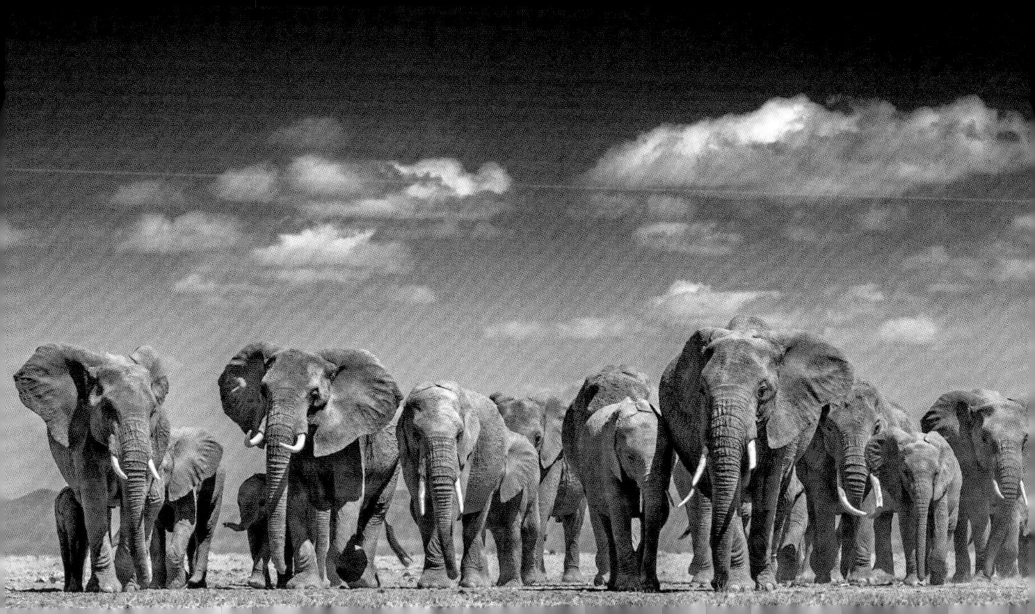

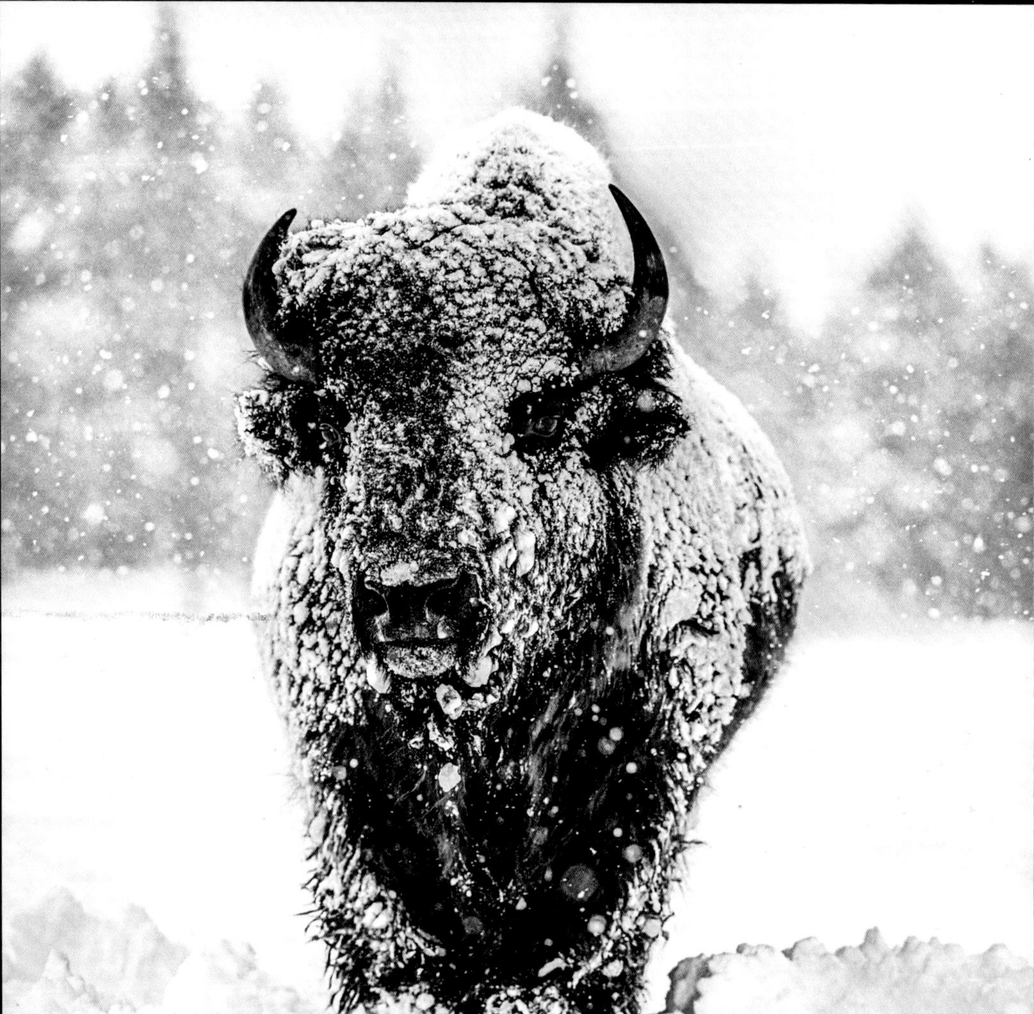

**Oben:** *Winter's Coming*, Yellowstone-Nationalpark, Wyoming, USA, 2020

Ich habe meine Liebe zum Fußball erwähnt. Ich kenne mich mit Fußball aus. Mit meinen 55 Jahren war ich bei sehr vielen Spielen, und ich weiß, welche Art von Bildern ich machen möchte, was möglich ist und was nicht, was funktioniert und was nicht. Wenn man mich bitten würde, Sumo-Ringen in Japan zu fotografieren, wäre ich überfordert, weil ich nichts über diesen Sport weiß. Ich müsste ihn lange studieren, bevor ich die möglichen Kompositionen, die Möglichkeiten, die Blickwinkel, das Licht, die Emotionen verstehen würde. Was auch immer Sie in der Fotografie tun, verbringen Sie Zeit damit, Ihr Motiv so gut wie möglich kennenzulernen.

Sie müssen in Bezug auf Ihr kreatives Denken vorbereitet sein, aber es ist auch wichtig, dass Sie sich im Voraus überlegen, welche Ausrüstung Sie benötigen (siehe Kapitel 10). Je besser Sie vorbereitet sind, desto einfacher wird es sein, Ihre Vorgehensweise bei Bedarf anzupassen. Keinesfalls möchten Sie mit einer Vielzahl von Objektiven herumhantieren. Überlegen Sie, was Sie fotografieren wollen, und grenzen Sie Ihre Ausrüstung ein. Machen Sie sich ein Bild von den Umständen, unter denen Sie wahrscheinlich fotografieren werden, und nehmen Sie zumindest ein Ersatzobjektiv mit.

Als ich diese Bison-Aufnahme im Yellowstone-Nationalpark im Februar 2020 machte, wollte ich mit der schönen Fellstruktur der Bisons im tiefen Winter spielen. Ein wichtiger Teil bestand darin, die richtigen Bedingungen zu schaffen, und die Vorbereitung hat sich ausgezahlt. Ich wollte die mit Eis bedeckten Bisons fotografieren, die wie eine Figur aus *Game of Thrones* aussehen, und das passiert nur an wenigen Tagen im Jahr. Bei meinen Recherchen wurde mir klar, dass es unbedingt sehr kalt sein und und frisch geschneit haben musste.

Vorausschauendes Denken und sorgfältige Planung ermöglichten es mir, ein Bild aufzunehmen, das als mein Durchbruch bezeichnet wurde: *Mankind, Yirol, South Sudan*. Es zeigt Dinka-Hirten in einem Viehlager, einem der größten der Welt. Ich hätte diese Aufnahme nicht machen können, wenn ich nicht die Weitsicht gehabt hätte, eine Leiter mitzunehmen. Ich hatte mich über die Landschaft informiert, und da ich wusste, dass sie flach ist, war mir klar, dass ich hoch hinaus musste, um den gewünschten dramatischen Blick zu bekommen.

**Nächste Doppelseite:** *Mankind, Yirol, South Sudan*, 2015

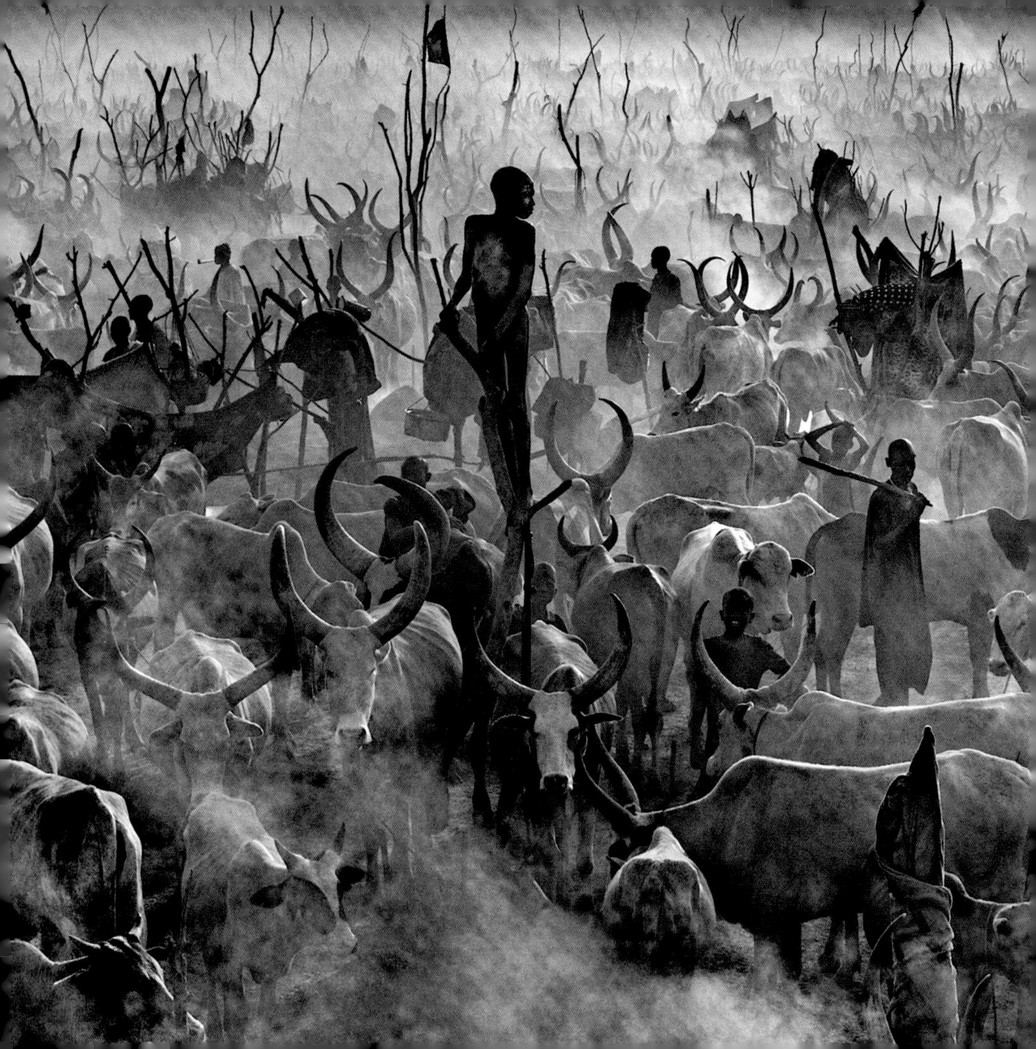

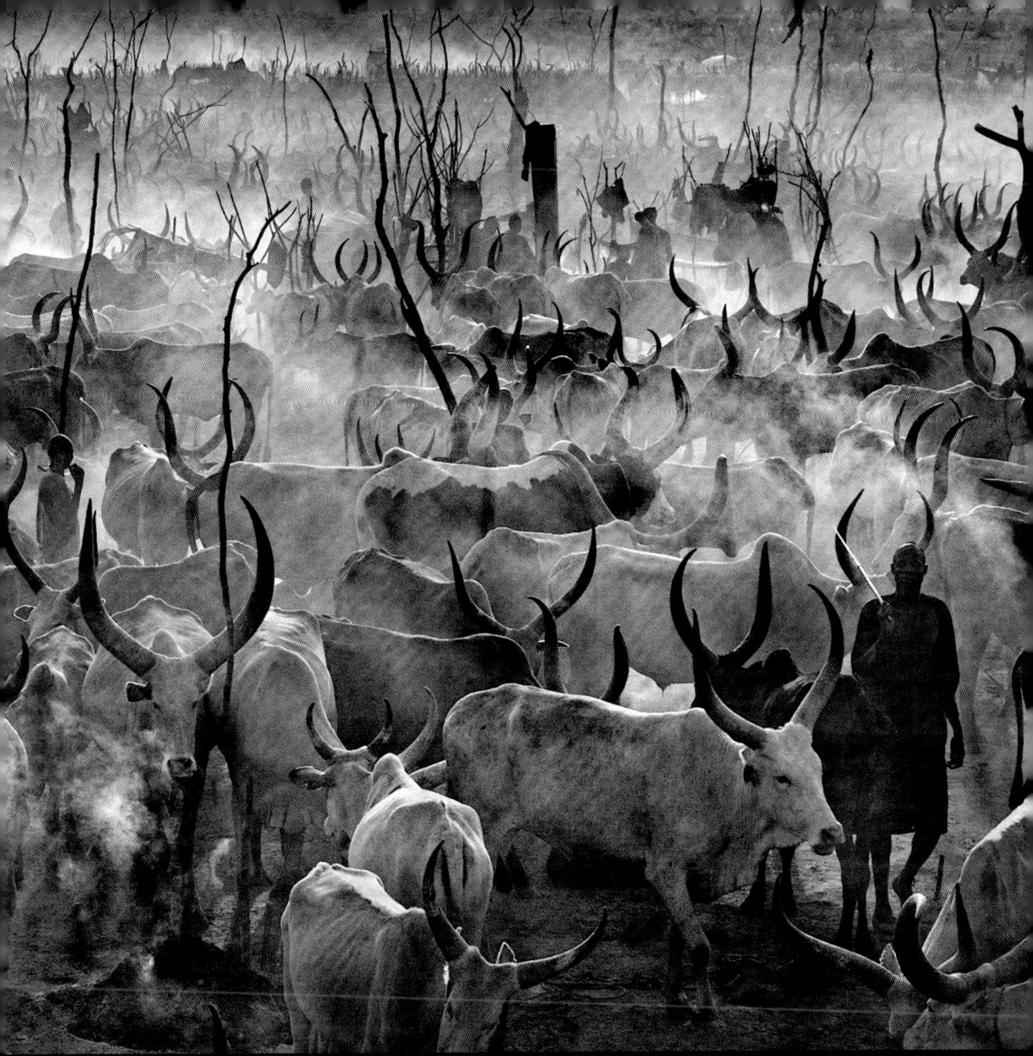

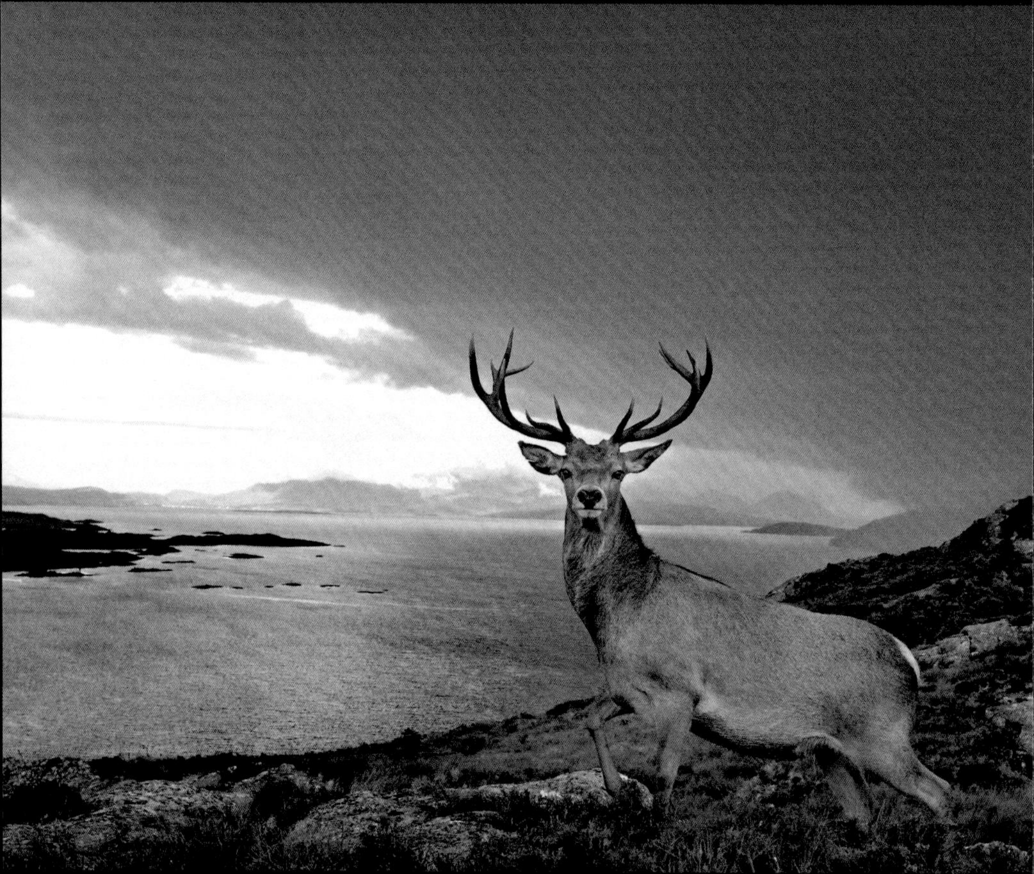

5

# Bildkomposition

## *Machen Sie sich mit Ihrem Thema vertraut*

Wenn ich irgendwo ankomme, vor allem an einem neuen Ort, schaue ich mir erst einmal die Szenerie an. Das heißt, ich nehme alles um mich herum auf und mache mich mit meiner Umgebung vertraut. Das alles tue ich, bevor ich meine Kamera überhaupt aus der Tasche hole.

Zeit zum Nachdenken ist besonders wichtig, wenn man einen Ort zum ersten Mal fotografiert. Als ich ins verschneite Montana fuhr, um für *Masters of Photography* einen Skijöring-Wettbewerb zu fotografieren, war das eine sehr surreale Erfahrung. Skijöring ist ein Sport, bei dem Menschen auf Skiern von Pferden, Hunden oder Motorfahrzeugen gezogen werden. Ich habe schon WM-Endspiele und Augusta Masters fotografiert, aber das war völliges Neuland für mich.

Was war mein Thema? Nun, da waren ein Skifahrer und ein Pferd mit Reiter. Wenn man nur den Skifahrer fotografiert, erzählt man nur die halbe Geschichte, und das Gleiche gilt, wenn man nur Pferd und Reiter ablichtet. Zunächst einmal wusste ich, dass ich sowohl den Skifahrer als auch das Pferd und den Reiter auf dem Bild haben musste. Das schloss jede Art von Teleobjektiv aus. Außerdem wollte ich die Atmosphäre einfangen und eine Geschichte erzählen (siehe Kapitel 6). Daher wusste ich, dass ich ein Weitwinkelobjektiv verwenden würde.

Wenn man mit Weitwinkel fotografiert, muss man darauf achten, dass die Komposition nicht zu »locker« ist. Wenn sich nichts im

**Gegenüber:** *Over the Sea to Skye*, Lochcarron, Schottland, 2017

Umkreis von 5 bis 6 Metern um die Kamera befindet, besteht die Gefahr einer langweiligen Komposition. In diesem Fall habe ich das Pferd und den Reiter genutzt, um einen interessanten Vordergrund zu schaffen.

Wann immer möglich, versuche ich Festbrennweiten zu verwenden, weil sie eine fantastische Auflösung bieten. Ich hatte ein 35-mm-Objektiv dabei, und nach einigem Nachdenken war mir klar, dass dies genau das Richtige war. Damit konnte ich alles einfangen, was ich wollte (Fahrer, Skifahrer, Kulisse), und, ganz wichtig, ein Gefühl für den Ort vermitteln.

Als Fotograf denkt man unweigerlich über viele verschiedene Dinge nach – das Wetter und das Licht sind zwei wichtige Faktoren. An diesem Tag war es recht mild, und die Sonne kam auf mich zu. Ich versuche, nicht mit der Sonne zu arbeiten, wenn es sich vermeiden lässt, denn sie ist nie vorteilhaft, weil alles ausgeleuchtet ist und das Gefühl von Raum dadurch sofort verlorengeht. Man will, dass das Licht auf einem Foto interessant aussieht, und das erreicht man, indem man gegen die Sonne arbeitet, oder vielleicht nicht direkt in die Sonne, sondern 15–20 Grad seitlich davon. Das ist meine Standardposition. Das macht die Bilder einfach interessanter.

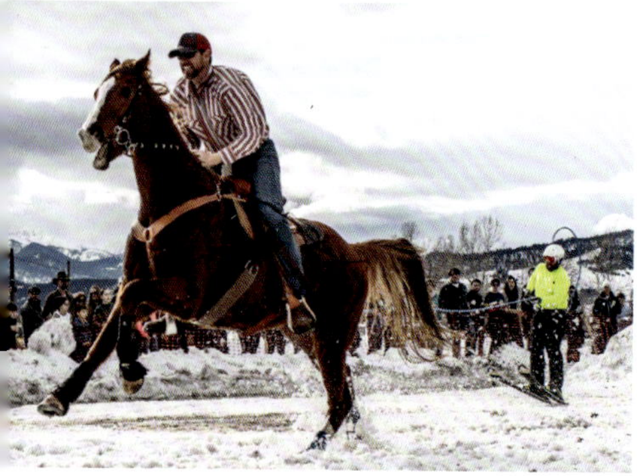

Die Nikon D5, die ich benutzte, bietet viele Bilder pro Sekunde – etwa 13 – was praktisch war, da sich die Reiter und Skifahrer schnell bewegten! Ich musste eine sehr kurze Verschlusszeit verwenden, um die Action einzufrieren, denn wenn das Pferd nicht scharf wäre, gäbe es kein Bild (siehe Kapitel 7). Ich musste meine Aufnahmeposition und das richtige Objektiv finden, auf den Auslöser drücken, dann etwas anderes ausprobieren und die Feineinstellung vornehmen. Das Licht änderte sich ständig, sodass ich mich entsprechend anpassen musste. Ich brauchte so viel Licht wie möglich, weil die Verschlusszeit so kurz war.

Jede Aufnahme, die Sie machen, ist eine Lernkurve. Wenn Sie sich selbst beibringen können, Ihre Arbeit zu reflektieren, kommen Sie dem Ziel näher, Arbeiten zu produzieren, auf die Sie wirklich stolz sein können.



**Oben:** Aufnahme einer Skikjöring-Veranstaltung in Montana, 2019

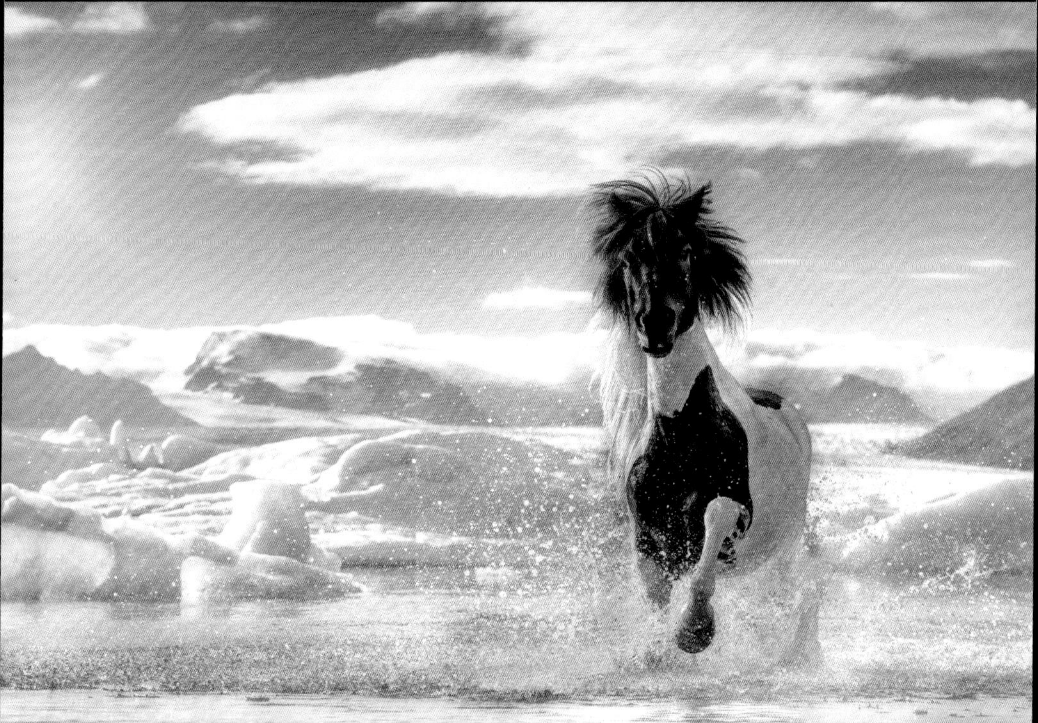

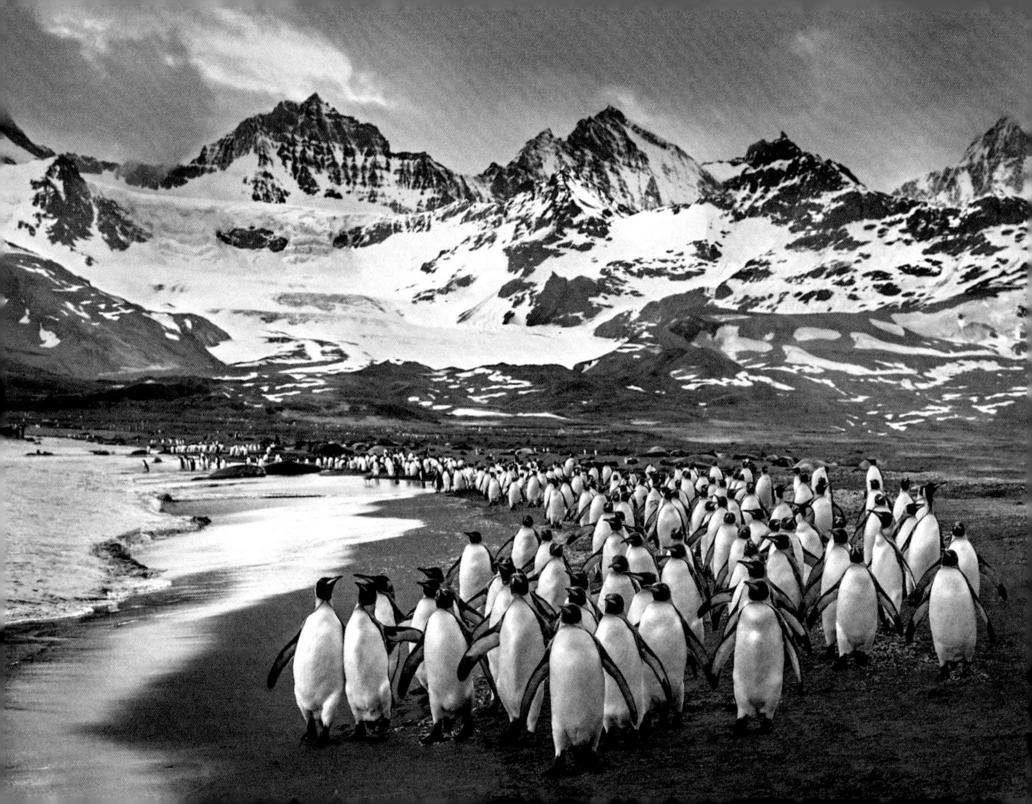

6

# Das Gefühl für den Ort

## *Erstellen Sie Bilder, die eine Geschichte erzählen*

Wo immer ich fotografiere, versuche ich, eine Vorstellung davon zu vermitteln, wie es ist, wirklich da zu sein. Wenn die Leute meine Bilder betrachten, möchte ich, dass sie sich an den Ort versetzen können, an dem ich das Bild aufgenommen habe. Ich möchte, dass sie etwas fühlen, dass sie einbezogen werden. Wenn ich darüber nachdenke, was ich fotografieren will, denke ich immer zuerst an die Landschaft. Ich möchte sicherstellen, dass der Ort fantastisch ist und die Tageszeit stimmt.

Storytelling ist in meiner Arbeit wichtig, und dazu gehört auch die Wahl des richtigen Objektivs. Ich ziehe Weitwinkelobjektive Teleobjektiven vor; das ist einfach meine Art, Bilder zu machen. Das 28-mm-Objektiv ist mein Favorit, und auch das Nikon-Flaggschiff AF-S58mm f/1.4G gehört zu meinen bevorzugten Objektiven. Wenn ich eine Person fotografiere, wäre mein Anfangsobjektiv wahrscheinlich ein 35-mm-Objektiv, ein großartiges Porträtobjektiv. Das Gleiche gilt für Tiere. Ich versuche, einen Tiger so zu fotografieren, wie ich ein Supermodel fotografieren würde: einfühlsam und überzeugend.

Eine Gelegenheit, bei der sich das Weitwinkelobjektiv auszahlte, um die spektakuläre Landschaft einzufangen, war meine Reise nach Südgeorgien. Ich wollte schon lange dorthin fahren und die Königspinguine fotografieren. Doch ich wollte nicht im Sommer ankommen, wenn es keinen Schnee gibt. Eine Schneelandschaft war der Schlüssel zu dem Bild, das ich im Kopf hatte.

**Gegenüber:** *The Breakfast Club*, Südgeorgien, 2018

Es ist dort so spektakulär, dass Fotografen Probleme haben, zu vermitteln, wie großartig es ist – die Anzahl der Königspinguine, die schiere Weite. Das erste, was mir klar wurde, war, dass die wichtigsten Bilder, die ich mit nach Hause nehmen wollte, ein Gefühl für den Ort vermitteln mussten. Sie mussten sagen: »Das ist Südgeorgien«, was nicht bedeutet, dass man den Kopf eines Pinguins in Großaufnahme zeigen muss. Auch die Vermittlung von Tiefe war enorm wichtig. Gleichzeitig muss jedes Bild, das ein Gefühl für den Ort vermittelt, eine Art von erzählerischem Interesse im Vordergrund haben. Für diese Art von Bildern verwende ich instinktiv das 58-mm-Objektiv von Nikon. Es ist weit genug, um ein Gefühl für die Umgebung zu vermitteln, aber es erlaubt auch, Dinge, die sich in der Nähe der Kamera befinden, sehr, sehr scharf abzubilden.

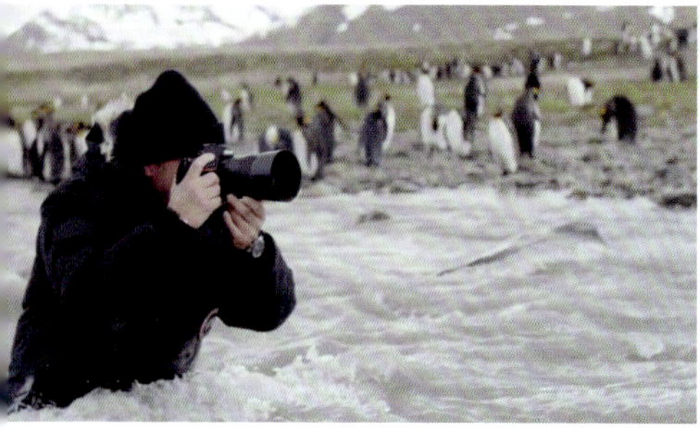

Auf dieser Reise habe ich viele Bilder gemacht, obwohl es für mich immer nur um ein oder zwei wirklich gute Aufnahmen geht. Das große Bild, das Südgeorgien meiner Meinung nach am besten gerecht wird, ist *The Breakfast Club*. Es ist visuell berauschend! Um ein solches Bild zu schaffen, braucht man Tiefe, eine Hintergrundgeschichte und einen scharfen Vordergrund.

Alaska ist ein weiterer Ort, an dem ich erzählerische Bilder gemacht habe. Als ich 2016 dort war, herrschte ein heftiger Wind, aber das Licht war phänomenal. Ein Schneesturm und dramatisches Licht sind eine interessante Kombination. Wir verfolgten ein Hundegespann, und es gelang mir, ein Bild zu machen, das ich später *The Last of the Big Hunters* nannte. Es ist ein eindringliches Bild; man hat das Gefühl, dabei zu sein. Der Wind hat den Schnee ein wenig aufgewirbelt, was eine echte Atmosphäre erzeugt.

Überlegen Sie, wie Sie einen Ort originalgetreu einfangen können. Probieren Sie Dinge aus. Erzählen Sie eine Geschichte und machen Sie nicht einfach eine Aufnahme, auf der steht: »Ich war hier.« Dafür sind Postkarten da. Bleiben Sie dem Ort treu -zeigen Sie Ihren Betrachtern, wie es dort wirklich ist.

**Oben:** David in Südgeorgien, 2018
**Gegenüber:** *All You Need Is Love*, Falklandinseln, 2018

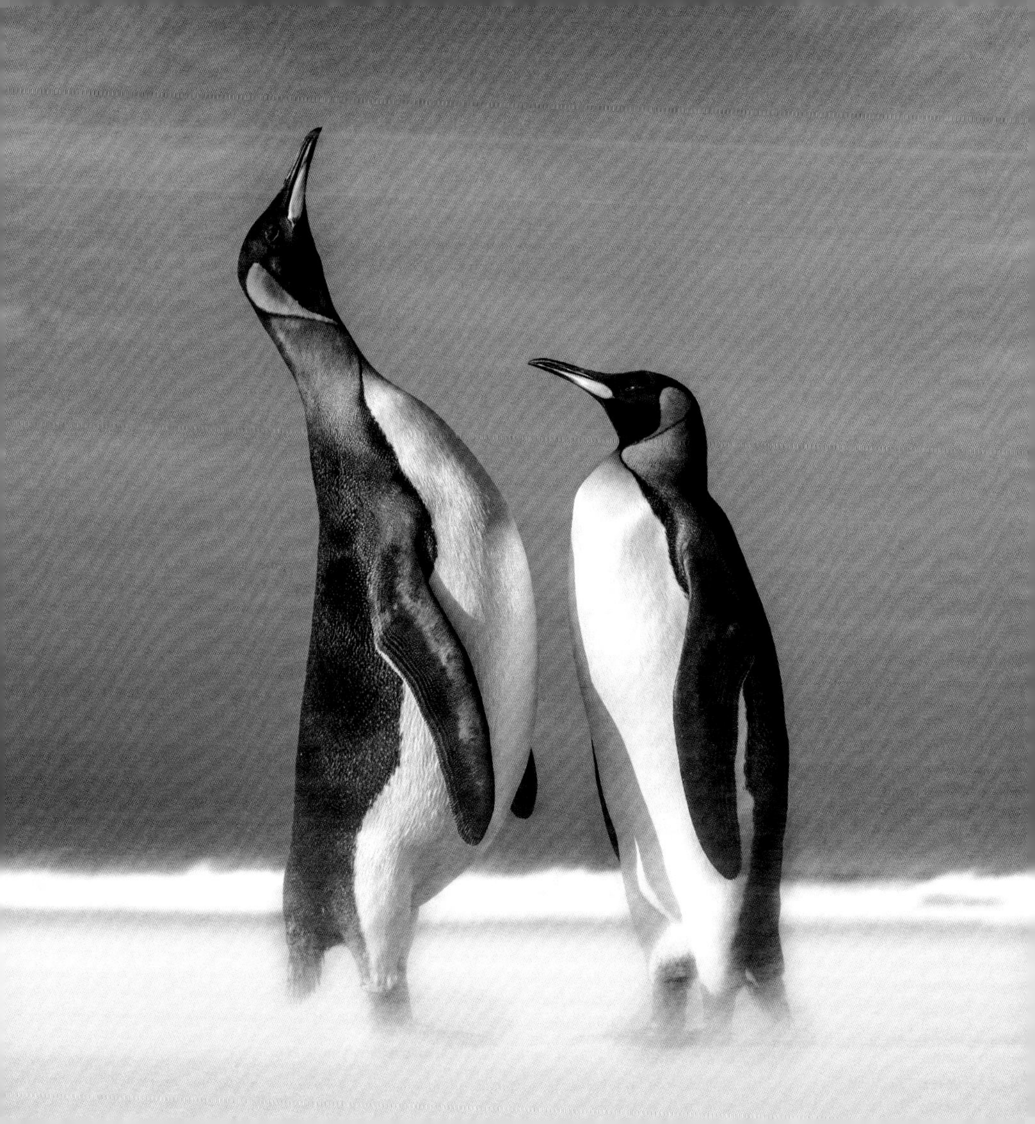

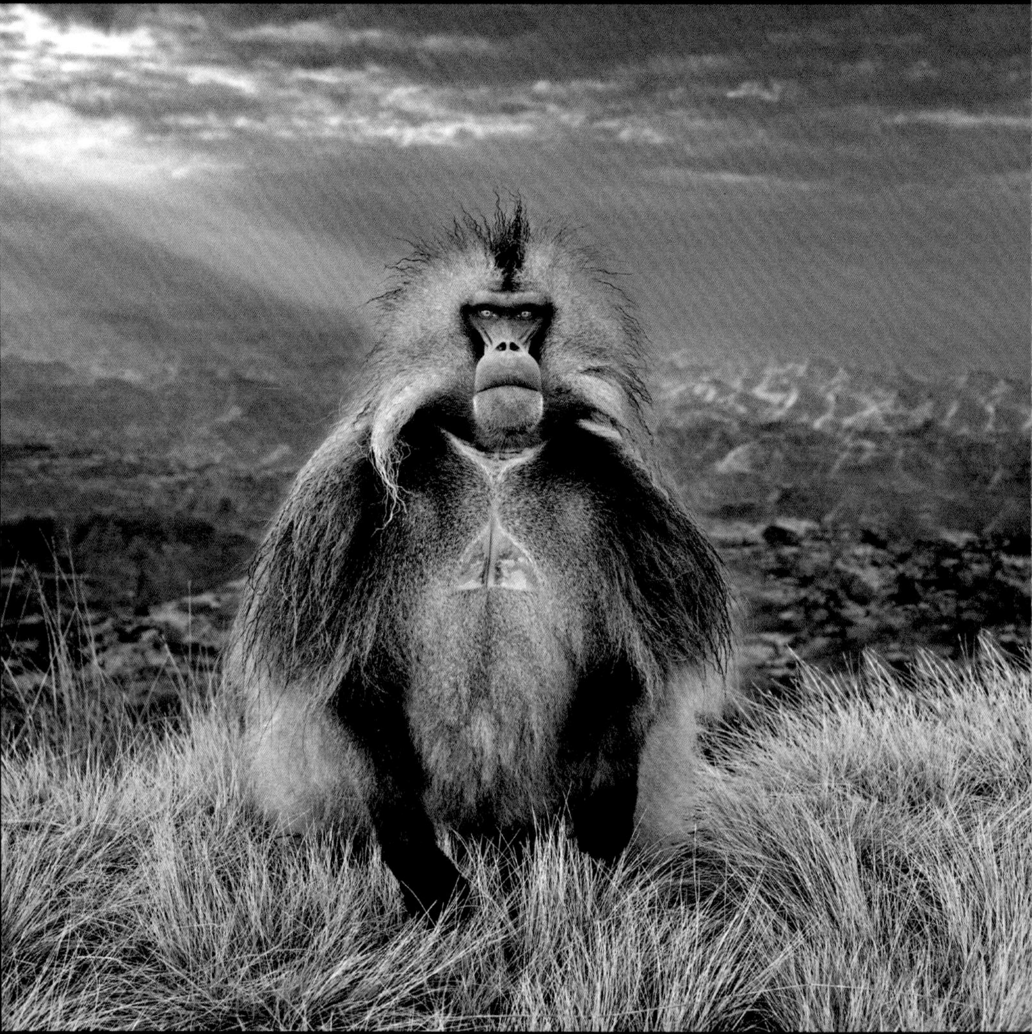

7

# Scharfe Sicht

## *Wählen Sie Ihren Fokuspunkt sorgfältig aus*

Wenn es eines gibt, das bei einem Foto stimmen muss, dann ist es der Fokus. Sie können das interessanteste Motiv der Welt und eine großartige Komposition haben, aber wenn der Fokus nicht stimmt, ist das Bild ruiniert.

Ich kann mir keine bessere Ausbildung für einen Fotografen vorstellen als die Zeit, in der ich als Sportfotograf gearbeitet habe. In keinem Bereich der Fotografie ist die Bildschärfe so entscheidend wie hier. Wenn die Fotografen bei Allsport meine Dias auf einem Lichtkasten durchsahen, war das brutal. Ich hatte die härtesten Tutoren von allen, denn sie waren die besten Sportfotografen. Sie sahen sich deine Arbeit an und sagten: »Das ist nicht ganz in Ordnung«, was bedeutet, dass es nicht ganz scharf ist, oder »Das ist nicht pin« – nicht gestochen scharf. Diese beiden Ausdrücke sind mir seit mehr als 30 Jahren im Gedächtnis geblieben.

Wenn man mit den Leuten der Fotoagentur Allsport zusammenarbeitet, gibt es einen Unterschied zwischen scharf und gestochen scharf. Sie lehren einen, sehr, sehr streng mit sich selbst zu sein, eine Lektion, die mir geblieben ist (siehe Kapitel 17). Die Schärfe ist ein so unglaublich wichtiger Teil meiner Arbeit, dass ich ein Bild, das nicht gestochen scharf ist oder bei dem die Schärfe ein wenig daneben liegt, einfach verwerfe. Für mich gibt es keinen anderen Teil der Fotografie, der wichtiger ist als die Fähigkeit, perfekt zu fokussieren.

**Gegenüber:** *Members Only*, Simien-Gebirge, Äthiopien, 2018

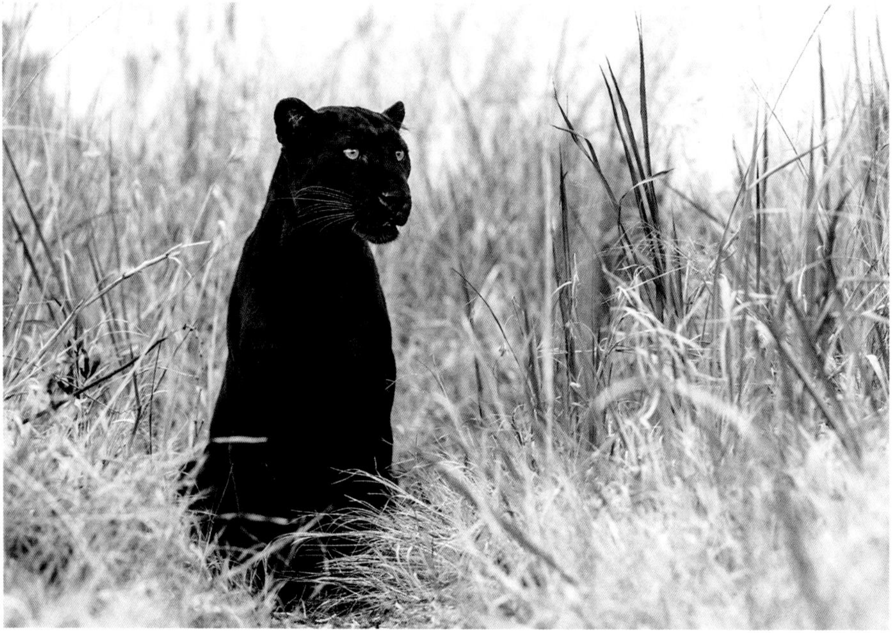

Sie können die Schärfe kreativ einsetzen, um verschiedene Teile des Bildes einzubeziehen oder auszuschließen. Ich habe kein Problem mit einem Bild, das zu 95 % unscharf ist, solange dies beabsichtigt ist. Bei einem meiner bekanntesten Bilder, *The Wolf of Main Street* (siehe Kapitel 8), ist vieles unscharf. Das einzige, was scharf ist, ist der Kopf des Wolfs, insbesondere die Augen. Alles andere ist irgendwie abstrakt, aber genau das macht das Bild aus. Der Betrachter darf aber keinen Zweifel daran haben, dass Sie sagen: »Ich hatte nicht die Absicht, dass diese Person oder was auch immer im Hintergrund scharf ist.« Sie wollen nicht, dass etwas fast scharf ist, denn dann könnte der Betrachter denken: »Oh, das hat der Fotograf falsch gemacht. Er hat es *fast* scharf gestellt, aber er hat es nicht ganz geschafft.« Es kommt auf die Absicht an. Stellen Sie sicher, dass das, was Sie scharf abbilden wollen, auch *wirklich* scharf ist.

Wenn Sie mit Motiven arbeiten, die unterschiedlich weit von der Kamera entfernt sind, und es nicht möglich ist, alles scharf abzubilden, sollten Sie darauf achten, dass das Objekt, das der



**Oben:** *Bagheera*, Südafrika, 2015

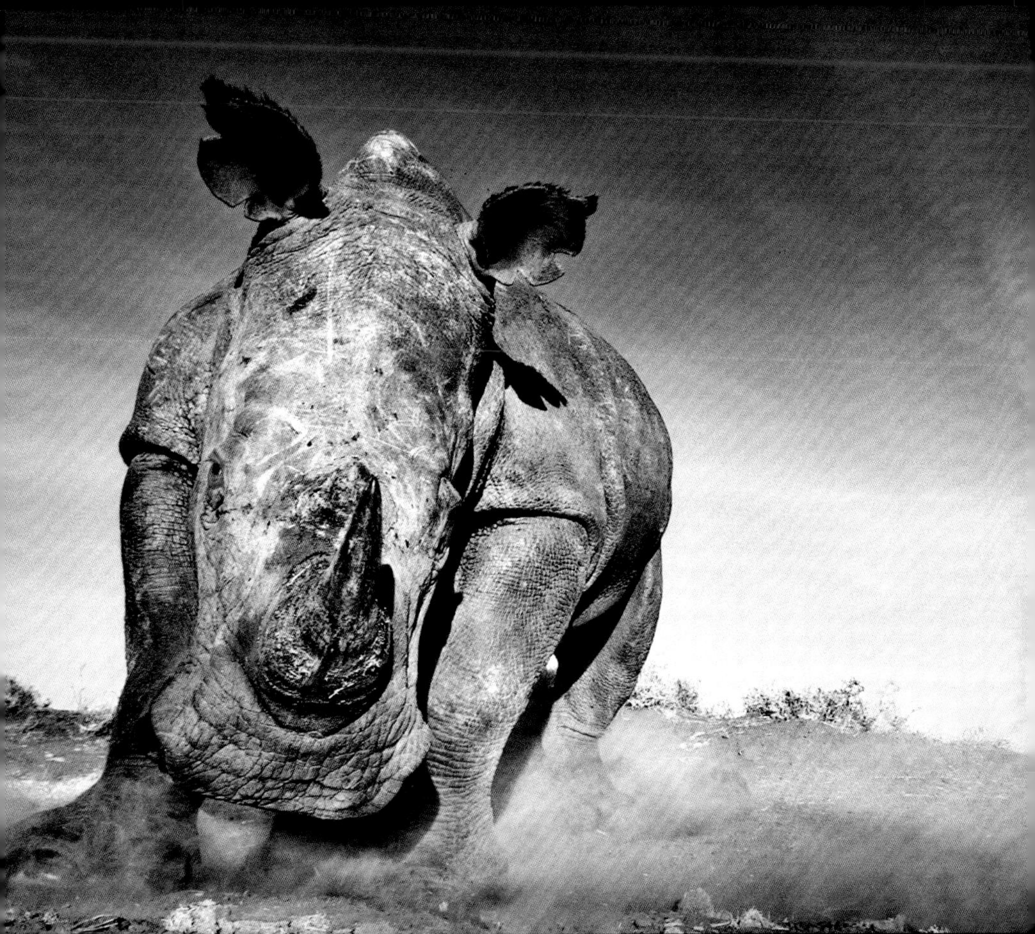

**Oben:** *Charge*, Lewa, Kenia, 2013

»Das war eine kleinere Blende als normal, aber hier war es die richtige Entscheidung. Ich wusste, was ich erreichen wollte, und es hat funktioniert.«

Kamera am nächsten ist, scharf dargestellt wird, um das Bild zu verankern und den Blick zu lenken. Wenn das Objekt, das am weitesten von der Kamera entfernt ist – das zweite Objekt –, scharfgestellt ist, entsteht ein klobiger oder ungeschickter Spannungspunkt.

Ein gutes Beispiel für eine Situation, in der ich genau überlegen musste, was ich scharf abbilden wollte und wie ich das erreichen könnte, war, als ich 2019 im Yellowstone-Nationalpark Bisons fotografierte. Ein Bison ist ein außergewöhnliches Tier. Es sieht urzeitlich aus. Wenn man überlegt, wie man einen Bison fotografiert, muss man an seinen riesigen Kopf, seine Augen und die Tatsache denken, dass er aussieht, als käme er direkt aus der Eiszeit.

Ich wollte ein Bild machen, bei dem es vor allem auf die Struktur ankommt. Es war eiskalt, und der Bison war mit Frost bedeckt. Es war etwa 40 Minuten nach Sonnenaufgang, also gab es nicht viel Licht. Die erste Entscheidung, die ich treffen musste, war, welches Objektiv ich verwenden sollte. Der Bison war ziemlich weit entfernt, und selbst mit einem 200-mm-Objektiv hätte ich Schwierigkeiten gehabt, alle Bereiche des Gesichts scharfzubekommen. Am Vortag hatte ich noch ein 400-mm-Objektiv verwendet, aber das würde wegen des schlechten Lichts nicht funktionieren. Die Verwendung eines langen Objektivs hätte eine sehr kurze Verschlusszeit erfordert, um Verwacklungen zu vermeiden. Das wiederum hätte die Blende auf f/2,8 oder vielleicht f/4 beschränkt, was eine sehr begrenzte Schärfentiefe bedeutet, es sei denn, man erhöht den ISO-Wert. Außerdem können bei einem langen Objektiv die Dinge sehr schnell unscharf werden. Ich wollte mein Motiv auch nicht komprimieren, wie es ein 400-mm-Objektiv tun würde. Ich wollte die Beziehung zwischen mir und dem Bison erhalten, und diese Beziehung wird durch ein langes Objektiv unterdrückt.



**Gegenüber:** *Ice Age*, Yellowstone-Nationalpark, Wyoming, USA, 2019

Aus früherer Erfahrung wusste ich, dass ich ein 200-mm-Objektiv ziemlich ruhig halten kann, und der Bison würde sich nicht viel bewegen, also dachte ich, wenn ich mit meinem 200-mm-Objektiv mit einer 1/250 Sekunde auskomme, wird das helfen. Am Ende habe ich mein Objektiv ganz geschlossen und mit Blende 18 fotografiert, was ich, glaube ich, noch nie in meinem Leben gemacht habe! Und es hat funktioniert; ich konnte viele Details einfangen und ein scharfes Bild erstellen. Als Ergebnis erhielt ich ein sehr ungewöhnliches Porträt, *Ice Age.*

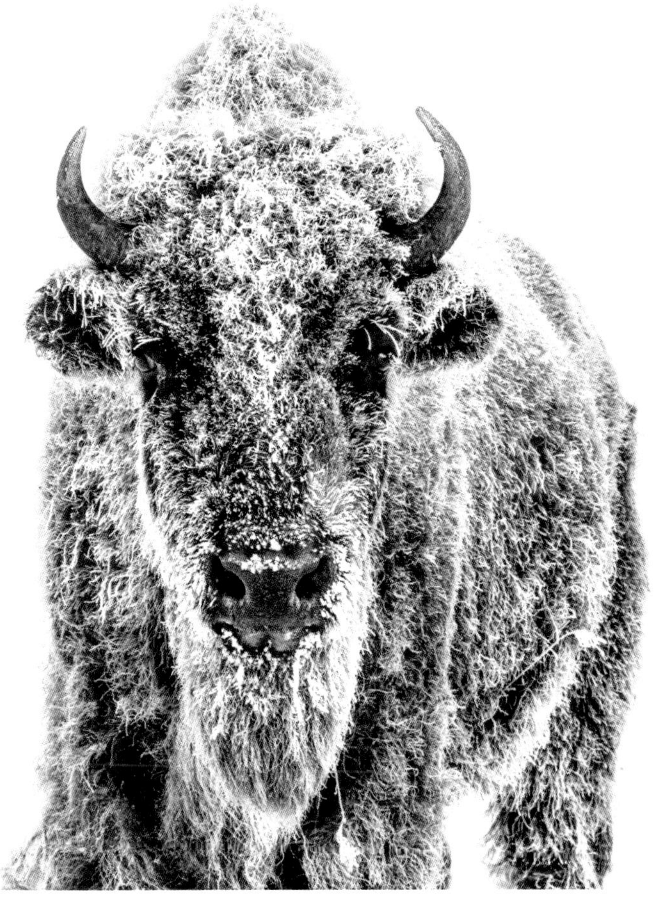

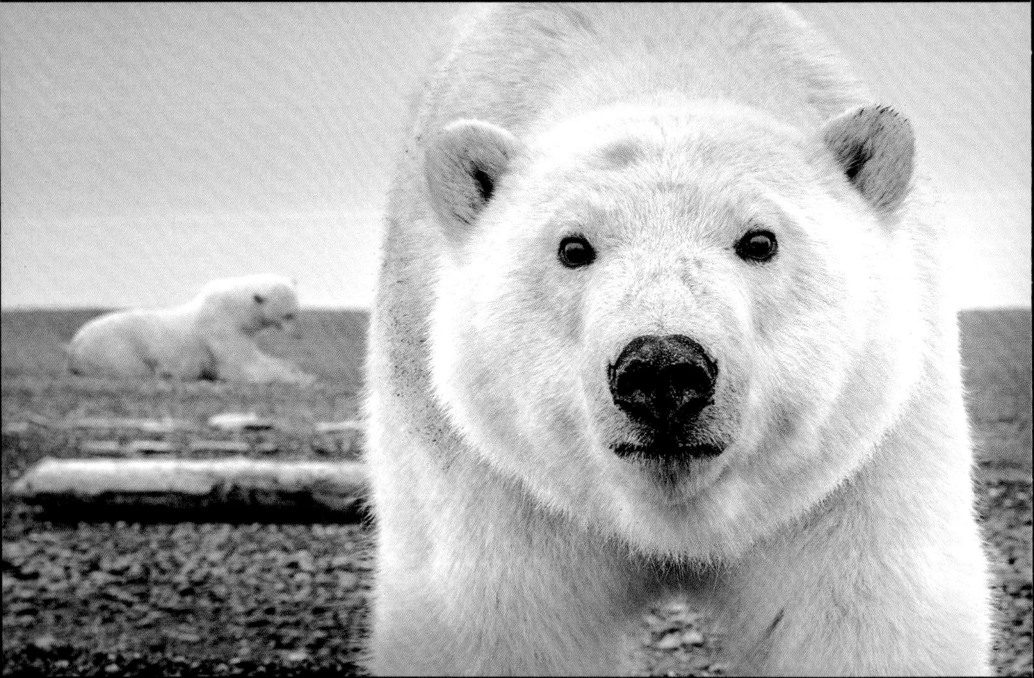

8

# Blickkontakt

## *Fangen Sie Emotionen und Charakter ein*

Man sagt, dass die Augen das Fenster zur Seele sind, und die Augen eines Tieres sind genauso interessant wie die eines Menschen. Sie sagen so viel aus. Sie wollen die Augen Ihres Motivs nicht aus 100 Metern Entfernung fotografieren, sondern aus der Nähe, egal ob es sich um einen Menschen oder ein Tier handelt. Es gibt viele wichtige Begriffe in der Fotografie, und einer davon ist die »Emotion«, die von den Augen ausgeht.

Für die erste anständige Eisbärenaufnahme, die ich gemacht habe (2015 in Alaska), ging ich sehr, sehr nah heran und meine Augen waren unterhalb der Augenhöhe des Eisbären. Der Bär war etwa vier Jahre alt und schaute mich direkt an.

Ich hatte das Nikon AF-S58mm f/1.4G an meiner Kamera - ein großartiges Porträtobjektiv - und konnte viele Details im Fell und um die Nase und das Maul herum einfangen. Außerdem habe ich versehentlich ein Selfie in seinen Augen gemacht! Was ich an diesem Bild besonders mag, ist, dass es den Vorteil der Nähe zeigt - wie man aus der Nähe unglaublich intime Aufnahmen machen kann. Die Mutter ist im Hintergrund zu sehen, was die Erzählung vervollständigt. Ich habe es *»Hello«* genannt, und ich denke, es funktioniert wegen des Blickkontakts, der Dramatik und Intensität erzeugt. Bei vielen meiner Bilder sind die Augen der Tiere ein wichtiger Teil der Komposition. Wann immer ich ein Tierporträt mache, achte ich darauf, dass die Augen die Hauptrolle spielen.

**Gegenüber:** *Hello*, Alaska, USA, 2015

Ebenfalls in Alaska, diesmal im Jahr 2018, habe ich ein Bild von einem riesigen Eisbären gemacht. Er saß einfach da und schaute mich an, und auch hier macht der Augenkontakt das Bild aus. Einerseits ist es ein ziemlich einfaches Porträt – es passiert nichts Dramatisches, und weil es eine eng gefasste Aufnahme ist, kann man die Umgebung des Bären nicht sehen. Die ganze Aufmerksamkeit wird absichtlich auf das Tier gelenkt. Aber wenn man genau hinsieht, erkennt man, dass mehr passiert, als man auf den ersten Blick vermuten würde: Es gibt Details wie die Pfoten, die scheinbar nachdenklich angeordnet sind, und seinen starren Gesichtsausdruck, die beide einen Eindruck vom Charakter des Tieres vermitteln. Er scheint sich in meiner Gegenwart wohlzufühlen. Ich habe schon früher darüber geschrieben, aber sein entspanntes Auftreten gab mir das Vertrauen, mich vorzudrängen und dicht an ihn heranzutreten, bis ich Blickkontakt hatte. Was sehe ich in seinen Augen? Weisheit, sicherlich, und Autorität. Er sieht so aus, als hätte er alle Antworten.

»Überlegen Sie, wie Sie den Charakter eines Tieres einfangen können, aber achten Sie auch auf die Bildkomposition.«

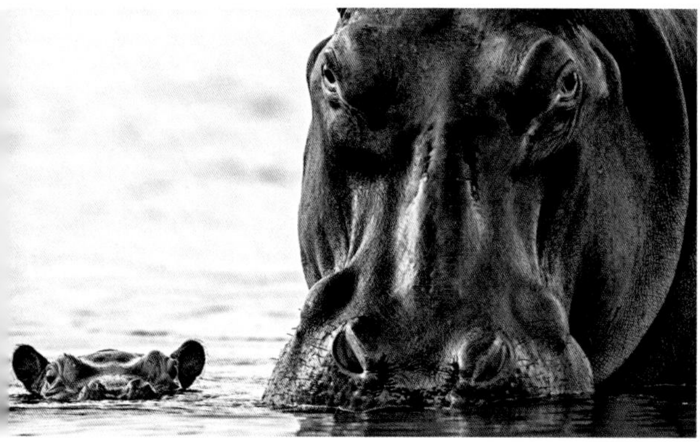

Bei Fotos von Tieren finde ich es oft hilfreich, Adjektive zu verwenden, um das Aussehen eines Tieres zu beschreiben oder sogar kleine Beschreibungen seines Charakters oder seiner Eigenschaften zu erstellen. Dieser Eisbär sah souverän aus, also habe ich das Foto *The Statesman* genannt, aber er könnte auch mein Therapeut sein. Es ist, als säßen wir gerade bei einer Tasse Kaffee zusammen und sprächen darüber, dass ich ziemlich unzulänglich bin. Er hingegen ist absolut perfekt.

**Oben:** *No Nearer*, Sambesi-Nationalpark, Sambia, 2014
**Gegenüber:** *The Statesman*, Alaska, USA, 2018

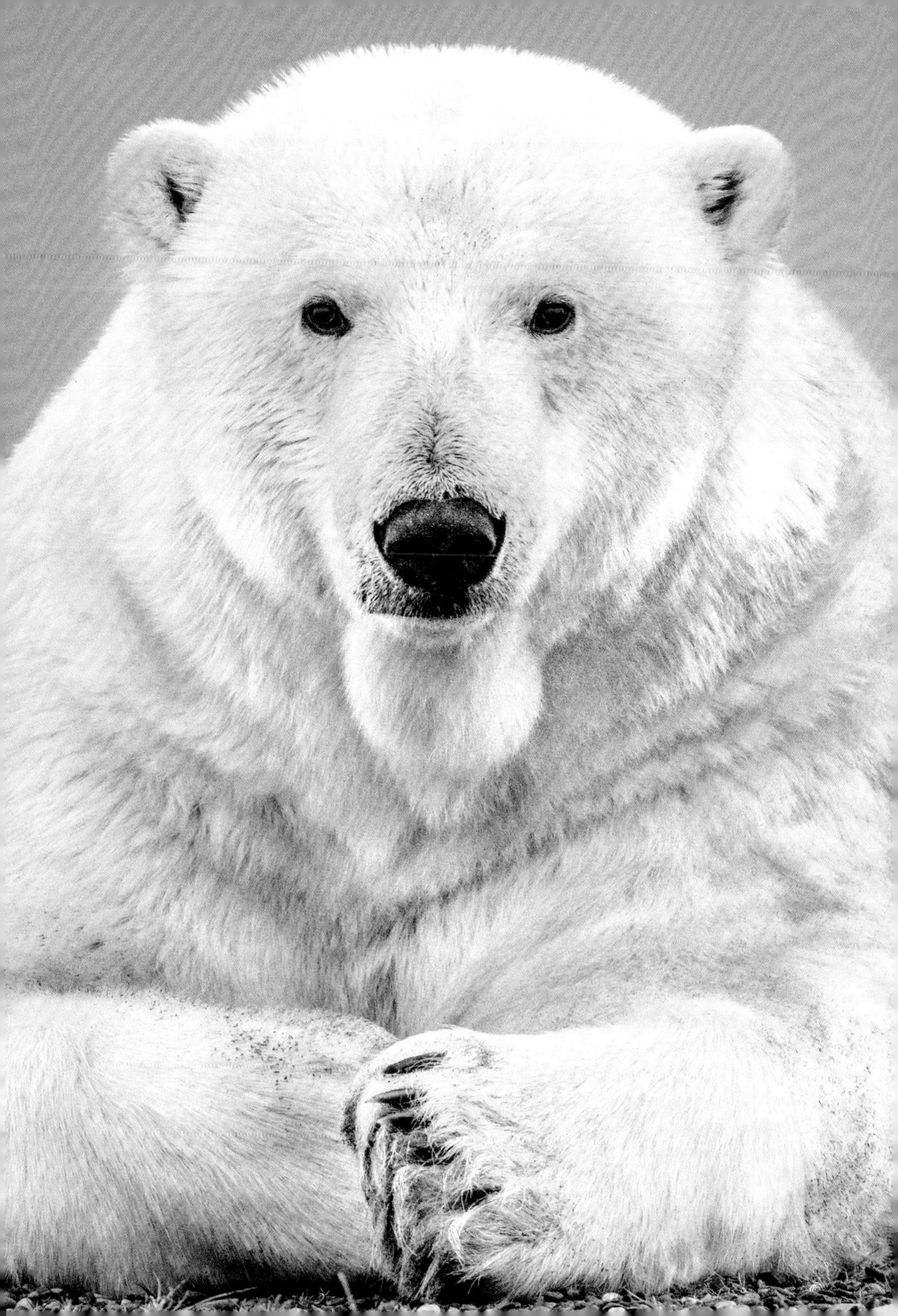

Überlegen Sie also, wie Sie den Charakter eines Tieres einfangen können, aber achten Sie auch auf die Bildkomposition. Wenn Sie ein Tier porträtieren und sich auf sein Gesicht konzentrieren wollen, ist es wichtig, dass nichts im Bild ablenkt. Stellen Sie sich z. B. ein Bild von einem Bärengesicht vor, und in der rechten oberen Ecke schimmert ein Stück blauer Himmel; für mich erzeugt das sofort einen Spannungspunkt, den Sie vermeiden wollen (siehe Kapitel 12). In *Face Off*, das in Alaska aufgenommen wurde, füllt das Gesicht des Bären das gesamte Bild aus. Das funktioniert, weil es keine Ablenkungen gibt.

Das Porträt eines Silberrücken-Gorillas, *Judge and Jury*, habe ich im Volcanoes-Nationalpark in Ruanda fotografiert. Ich habe es mit meinem bewährten 58-mm-Objektiv aufgenommen – diese Perspektive war genau das, wonach ich gesucht habe.

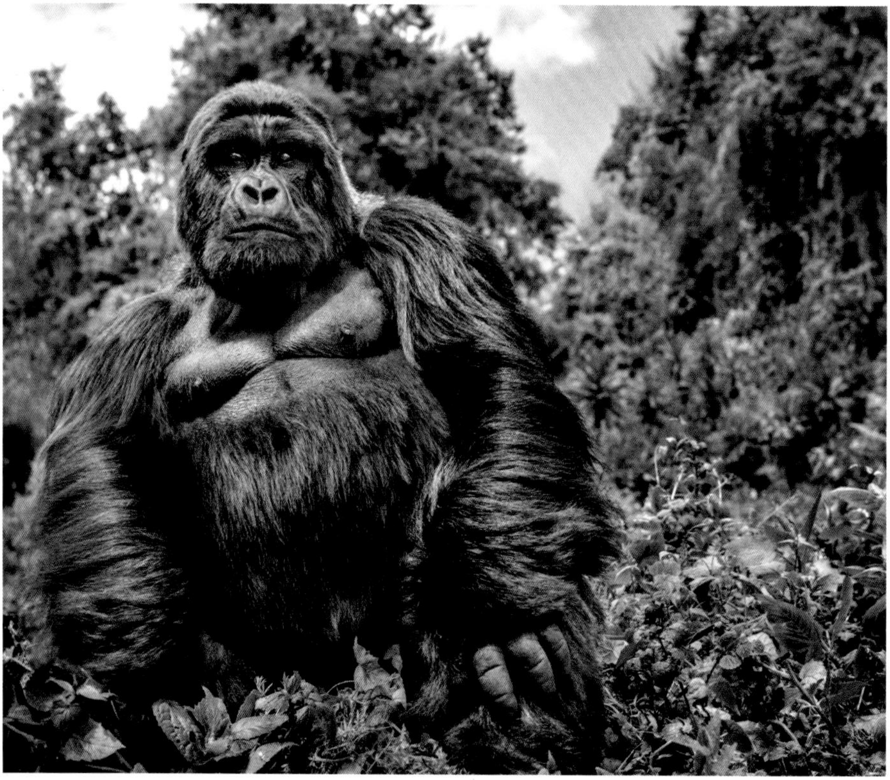

**Oben:** *Judge and Jury*, Volcanoes-Nationalpark, Ruanda, 2019
**Gegenüber:** *Face Off*, Alaska, USA, 2016

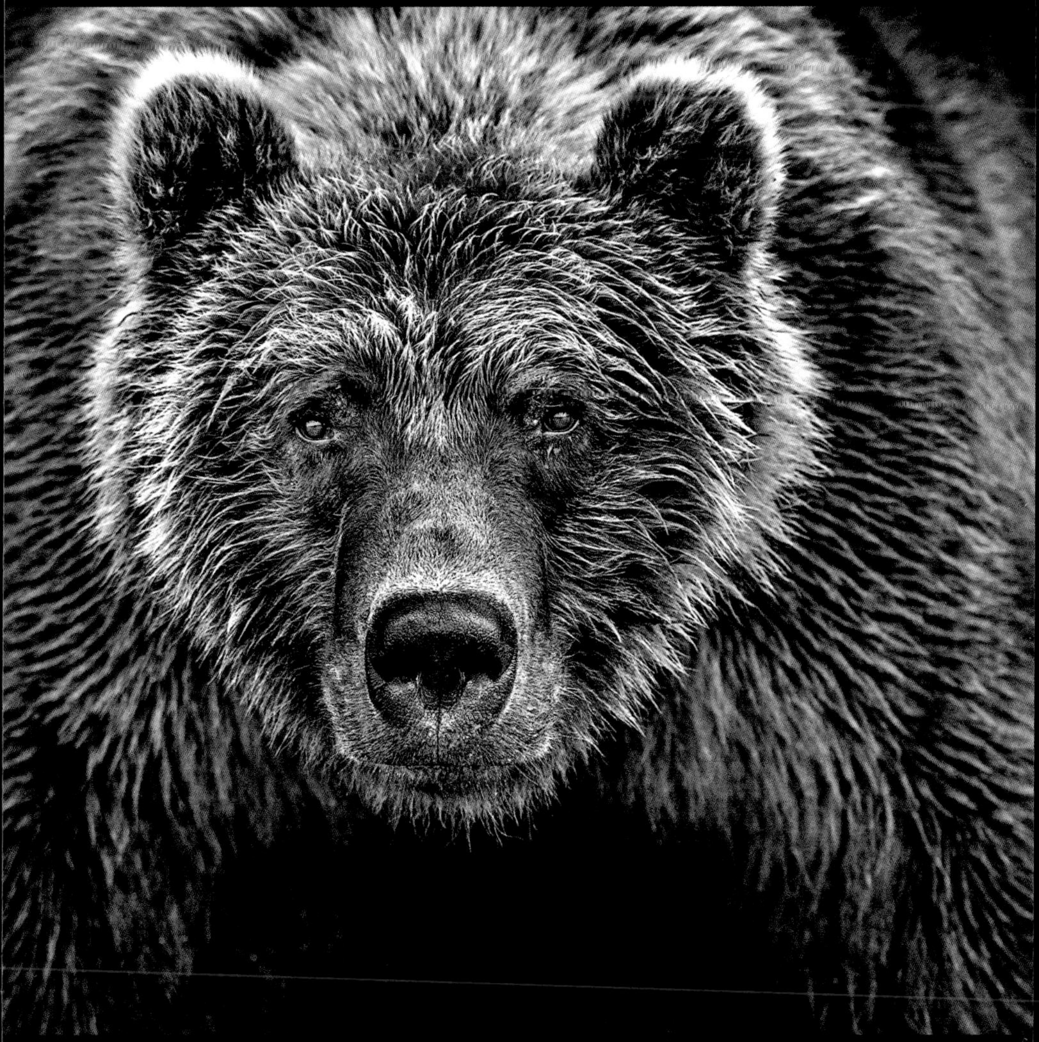

Auch bei den Bildern, die ich von Wölfen gemacht habe, ist der Blickkontakt entscheidend. Diese Tiere haben etwas Wunderschönes und zugleich Unheimliches an sich; sie jagen den Menschen einen kleinen Schauer über den Rücken. Ich habe für meine inszenierten Aufnahmen mit trainierten Wölfen gearbeitet, und das Wichtigste sind die Augen. Wölfe haben so intelligente Augen. Ein Wolf ist das Alphatier - das sieht man an seinen Augen Wenn sie nicht scharf sind, gibt es kein gutes Bild.

In meinem Bild *The Wolf of Main Street*, das ich in einer Bar in Virginia City, einer ehemaligen Bergbaustadt in Montana, aufgenommen habe, sieht der Wolf aus, als würde er direkt auf uns zukommen. Jemand hatte die verrückte Idee, mir Hähnchenschenkel um den Hals zu legen (bitte nicht ausprobieren), aber das war es wert, denn wir bekamen eine wirklich gute Aufnahme, auf der der Wolf gestochen scharf ist und auf mich zukommt, wobei seine Augen ganz klar auf die Hähnchenschenkel gerichtet sind - zumindest hoffte ich das!

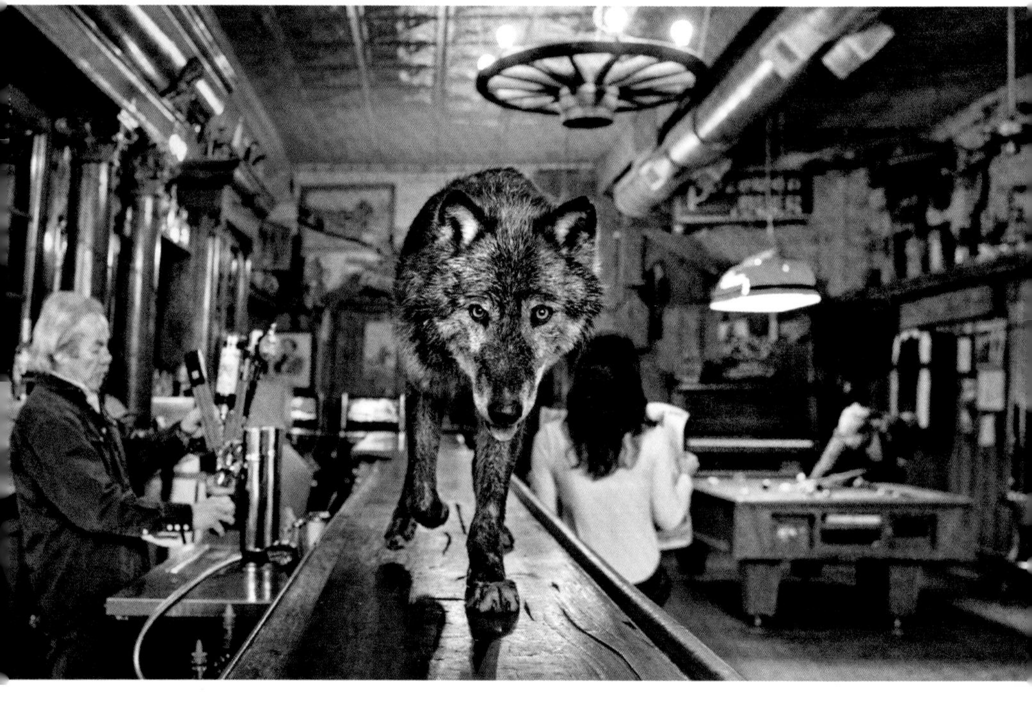



**Oben:** *The Wolf of Main Street*, Montana, USA, 2015

*The Usual Suspects* wurde in der gleichen Bar aufgenommen, aber dieses Mal schauen viele Leute direkt in die Kamera. Diese Bar, die versteckt in den Bergen liegt, kenne ich gut, und die Einheimischen kennen mich auch. Es ist ein fantastischer Ort, mit vielen interessanten Details. Ich wollte viele verschiedene Charaktere in die Aufnahme einbeziehen, aber das machte die Sache schwierig, weil ich mit vielen Augenpaaren spielen musste. Ich verwendete ein Weitwinkelobjektiv – ein 24-mm-Objektiv – und arbeitete mit Blende 1/1,8, 1/125 Sekunde und ISO 1600, was eine schwierige Kombination ist. Bei der Schärfe gab es keinen Spielraum für Fehler. Ich fand das aber in Ordnung, weil ich glaube, dass es beim Fotografieren darum geht, hier und da ein Risiko einzugehen, die Würfel rollen zu lassen und zu versuchen, etwas Besonderes zu erreichen, anstatt eine sichere oder konservative Aufnahme zu machen. Viele der Bilder waren nicht scharf, wie ich vermutet hatte, aber eines war genau richtig – und eines ist alles, was ich brauchte.

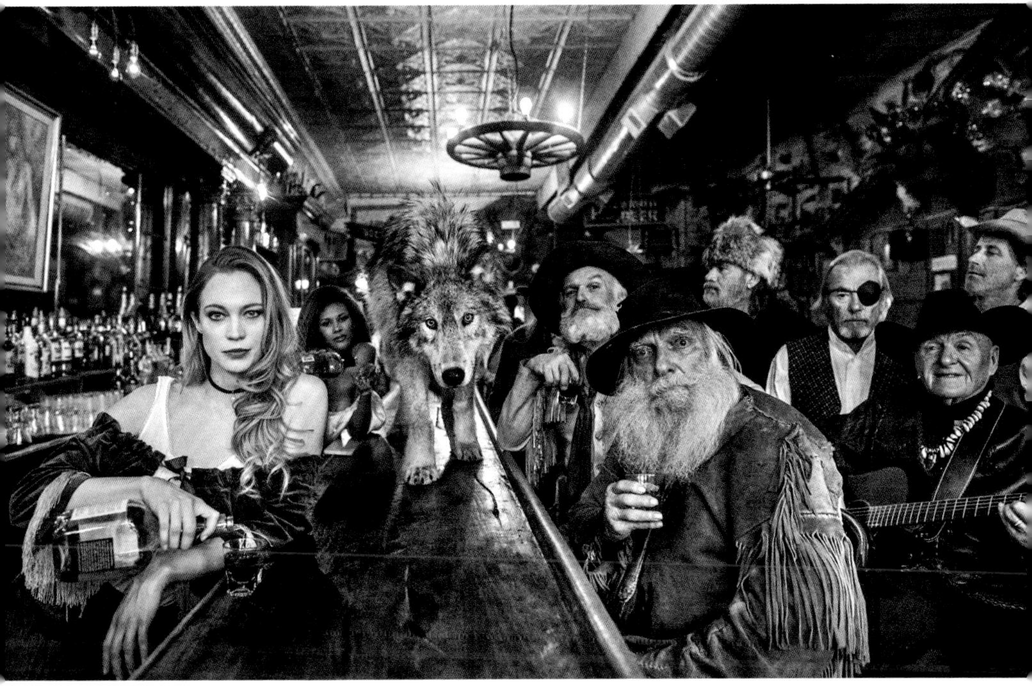

**Oben:** *The Usual Suspects*, Montana, USA, 2018

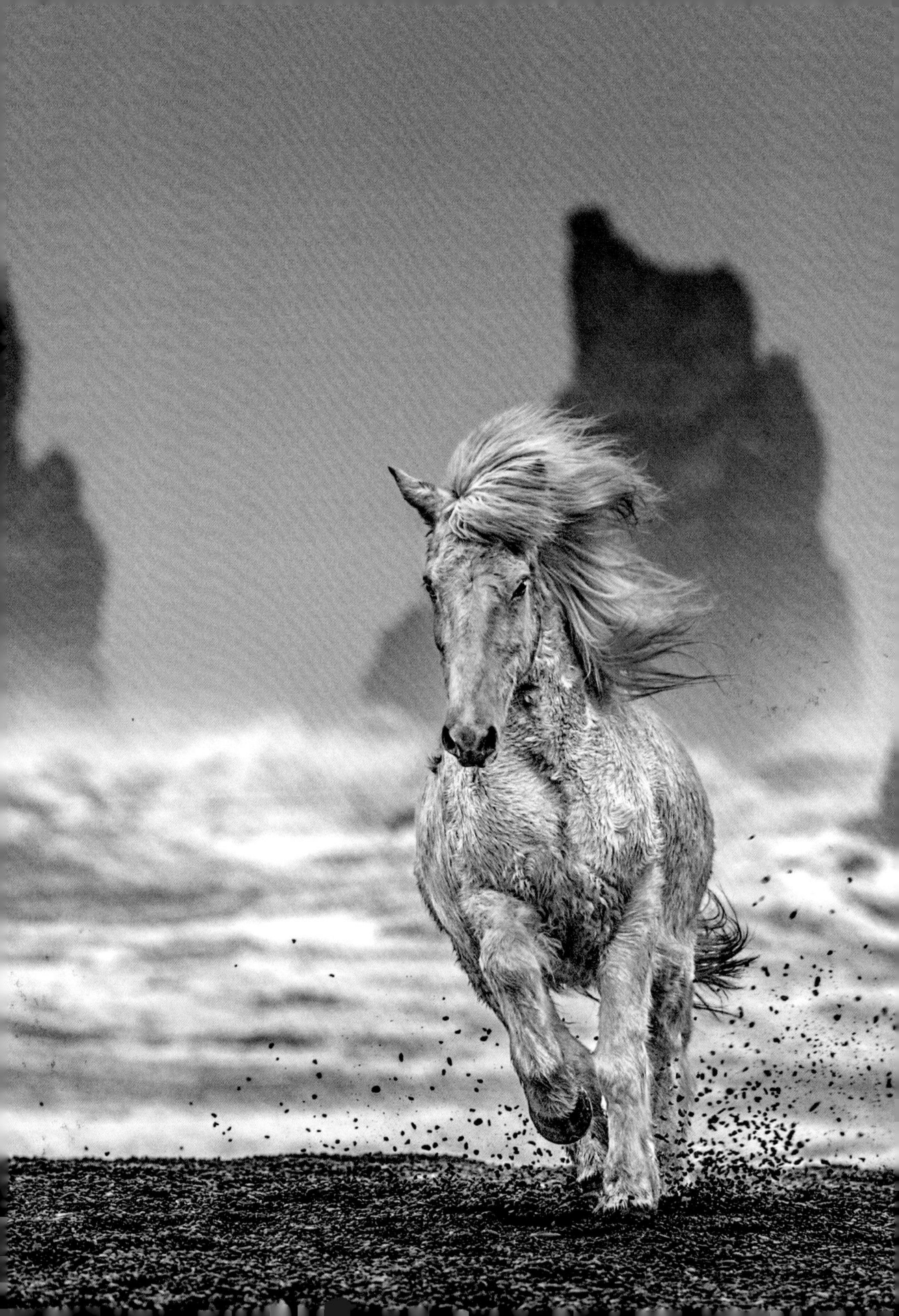

9

# Erfolg durch Anpassung

## *Arbeiten Sie auch unter unbequemen Bedingungen*

Sie können Ihre Aufnahmen noch so akribisch planen, aber als Fotograf müssen Sie sich immer wieder an die aktuelle Situation anpassen. Häufig ist es das Wetter, das alle Ihre Pläne über den Haufen wirft. Egal, wo ich mich gerade auf der Welt befinde – das Wetter ist immer ein Thema, denn es lässt sich nicht planen.

Wenn das Wetter nicht mitspielt, versuche ich, nicht enttäuscht zu sein, sondern nutze es als Chance. Viele sehen blauen Himmel und denken: »Der perfekte Tag, um Fotos zu machen.« Für mich ist es umgekehrt: »Welch ein langweiliger Tag zum Fotografieren.« Ich möchte Dramatik, Atmosphäre und interessante Bedingungen, wie zum Beispiel Gewitter, Schneesturm, Blitze, Regen, Wind oder alles zusammen. Unberechenbares Wetter schafft Raum für Spontaneität, nutzen Sie also aufregende Wetterbedingungen.

Im Jahr 2018 war ich in Island, um an der wunderschönen Südküste zu fotografieren, wo auch Teile von *Game of Thrones* gedreht wurden. Nach der Landung in Reykjavik saßen wir fünf Stunden auf der Landebahn fest, weil es zu windig war, um das Flugzeug zu verlassen. Ich aber dachte nicht »Wie schrecklich«, sondern sagte zu meinem Team: »Stellt euch vor, wir steigen aus dem Flugzeug und der Wind bläst in den nächsten 24 Stunden weiter wie jetzt.« Während der Wartezeit im Flugzeug änderten wir unsere Pläne, um an einen Ort gehen, der bei diesem Wind ganz besonders sein würde.

**Gegenüber:** *White Horses*, Island, 2018 (Detail)

Wir fuhren durch die Nacht nach Vik, ein Dorf an der Südküste Islands. Hier nahm ich das Foto *White Horses* auf. Es ist unglaublich und dynamisch, weil der Sturm das Meer aufwühlte und für einen dramatischen Hintergrund sorgte. An einem ruhigen Tag wäre das Foto langweilig geworden. Nutzen Sie schlechtes Wetter als Vorteil und sagen Sie nie ein Shooting wegen schlechten Wetters ab.

Als ich für *Masters of Photography* in der Nähe des Yellowstone-Nationalparks fotografierte, arbeitete ich mit Cowboys (und einem Cowgirl) und wilden Pferden. Pferde und Montana - das passt zusammen. Ich musste also mit dem, was ich hier vorfand, ein schlaues Foto machen. Also wollte ich auch Schnee im Bild. Ich wollte das Wetter und das Licht einfangen, natürlich auch die Topografie - und nicht zuletzt Pferde und Cowboys.

Am Tag des Shootings war die Wolkendecke recht dünn und die Sonne versuchte immer wieder durchzubrechen. Wir trafen uns am frühen Morgen. Die Sonne ging auf und wanderte am Himmel entlang, und alle zehn Minuten änderte sich das Licht um eine Blendenstufe. Das hielt mich ziemlich auf Trab, denn ich war ständig auf der Suche nach dem passenden Ort. Wenn man mit Cowboys, Wildpferden, ständig wechselndem Licht und hin und wieder Schnee arbeitet, gibt es vieles in kurzer Zeit zu beachten. Sobald die Sonne aufgegangen war, änderte ich meine Position um 180 Grad, also 15 Grad links oder rechts der Sonne, sonst wären die Fotos flau und langweilig geworden.

Zwar wusste ich, dass die Ranch der Cowboys auf freiem Feld lag - so stellt man sich Montana vor. Aber mir war nicht klar, wie kalt es sein würde. Das war gleichzeitig gut und schlecht. Schlecht, weil die Arbeit, vor allem ohne viele Handwärmer, recht mühselig ist. Positiv war, dass der Schweiß der Pferde bei -22 °C sofort gefror und ihre Gesichter wie verschneit aussahen. Der Effekt war ganz außergewöhnlich - fast urzeitlich.

Ich probierte viele verschiedene Aufnahmen, darunter eine mit einem weißen Pferd, das auf mich zu galoppierte. Hier nutzte ich die Bäume als Hintergrund. Mit vielen Pferden war es noch schwieriger, denn wenn die Pferde ihre Richtung änderten, war das Bild leer. Sie sollten zwar in meine Richtung laufen, aber sie

**Gegenüber, oben:** *Marlboro Country*, Montana, 2019
**Gegenüber, unten:** *White Horses*, Island, 2018

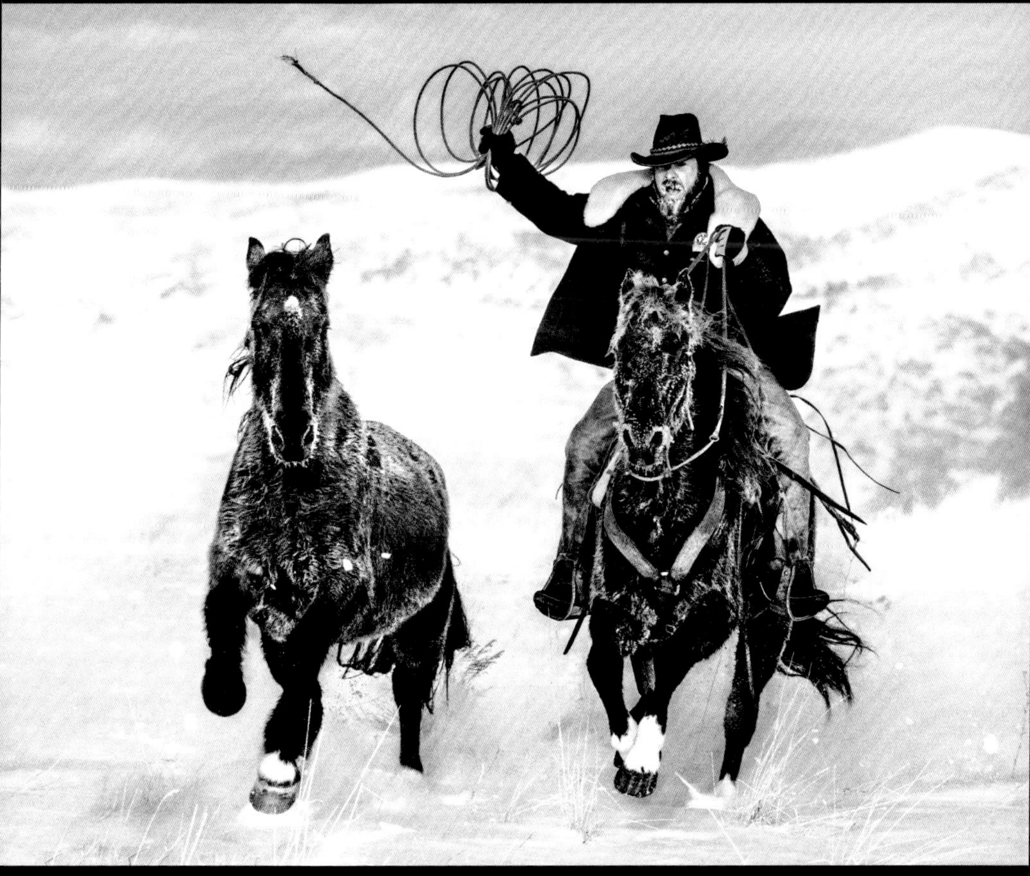

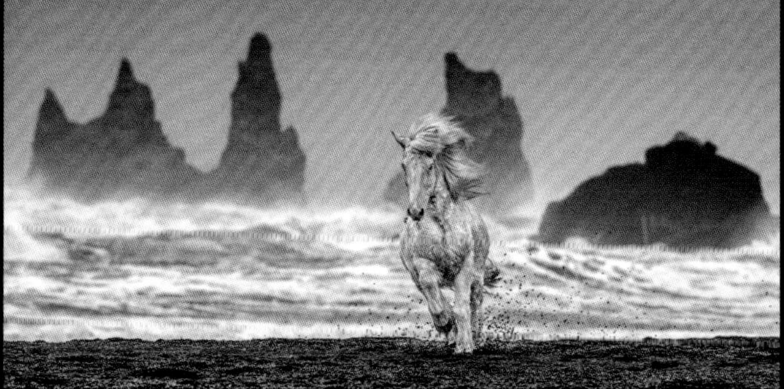

dazu zu bewegen, war eine Herausforderung. In solch kniffligen Situationen rudere ich immer ein wenig zurück und vereinfache die Aufnahme.

Tatsächlich waren die Bilder mit weniger Pferden die besten. Deshalb sollten Sie nicht starr an Ihren Plänen festhalten. Bleiben Sie flexibel und versteifen Sie sich nicht auf ein bestimmtes Konzept.

Wenn die Aufnahmen nicht wie geplant laufen, machen Sie einfach weiter und beginnen Sie von vorn. Es ist nicht schlimm, wenn Ihre eigentliche Idee nicht funktioniert. Verwerfen Sie sie und versuchen Sie etwas Anderes.

Denken Sie flexibel, passen Sie Ihr Vorgehen an und seien Sie bereit für Veränderungen. Bei den Aufnahmen für *Masters of Photography* habe ich eine Inuit-Gemeinde in Grönland fotografiert. Doch einige Jäger, die uns für die Aufnahmen zugesagt hatten, gingen doch lieber auf die Jagd, weil das Wetter gut war. Wir mussten also unsere Pläne ändern. Außerdem war das Eis auf dem Meer nicht so fest wie in den Vorjahren und die Eisberge befanden sich an anderer Stelle als erwartet. Wir mussten daher drei oder vier Stunden im Schneemobil fahren, um das Bildmaterial zu erhalten, nach dem ich suchte. Das war sehr frustrierend, gehört aber dazu. Wir ließen die Köpfe nicht hängen und nutzten jede Gelegenheit, die sich uns bot. Das ist auch wirklich das Einzige, was Sie in einer solchen Situation tun können.

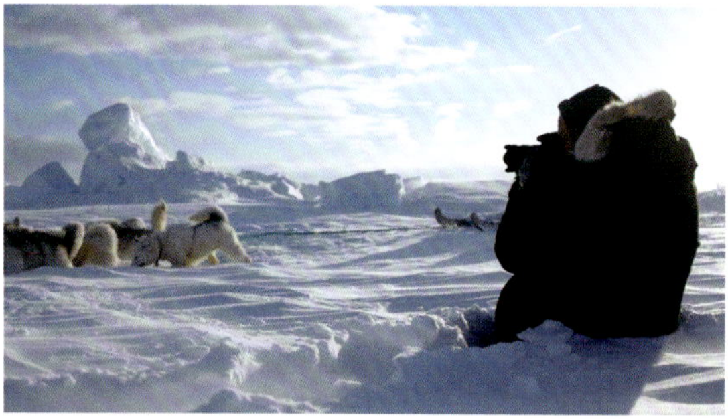

**Oben:** David fotografiert Huskys in Grönland
**Doppelseite:** *The Last of the Big Hunters*, Scoresbysund, Grönland, 2016

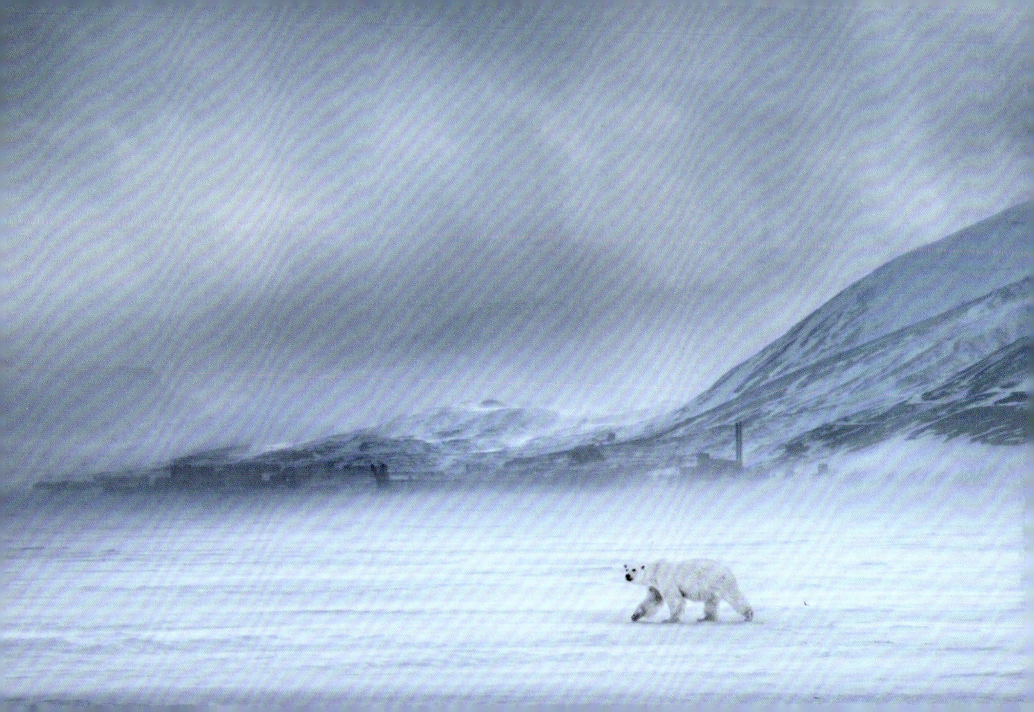

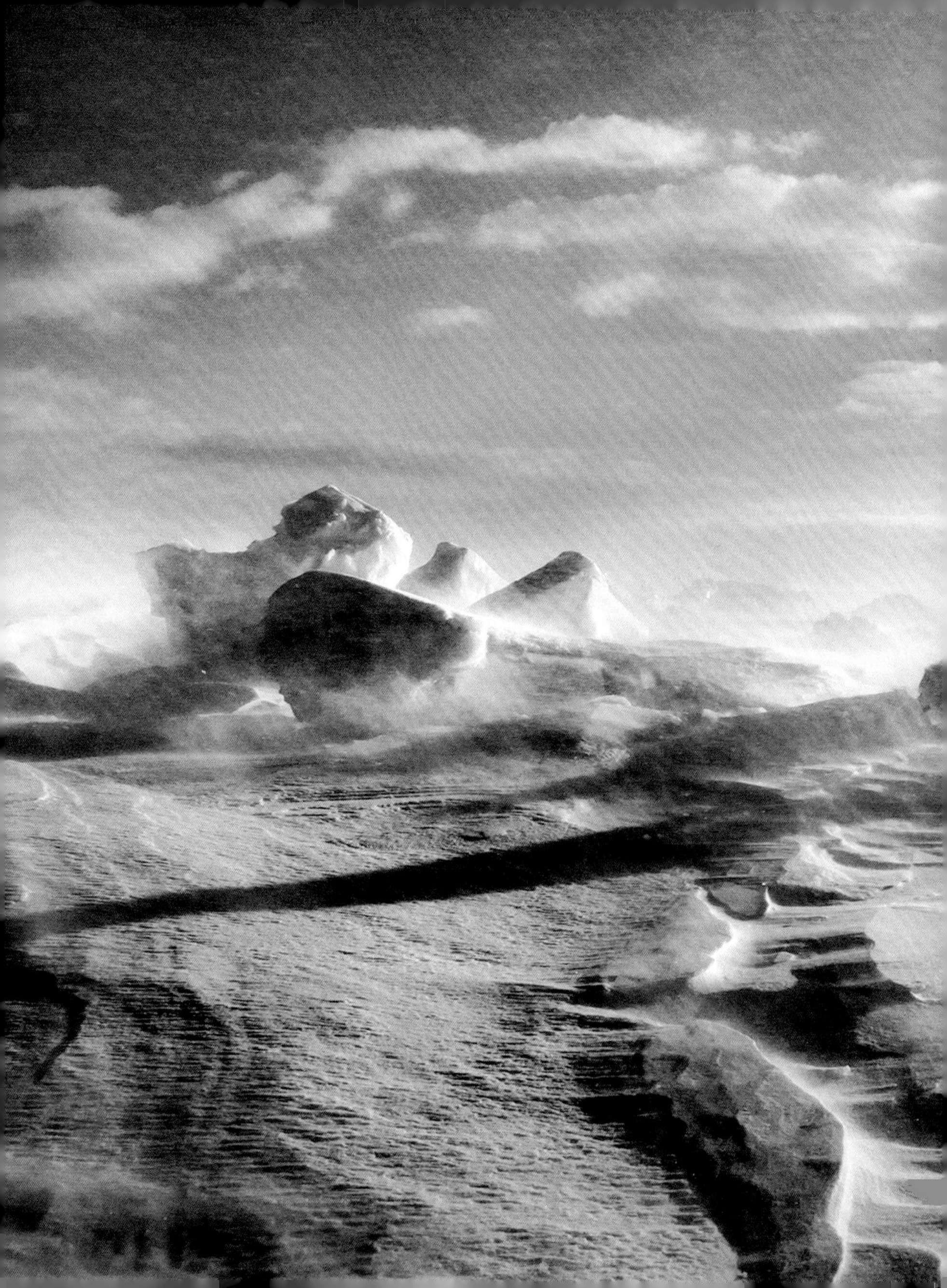

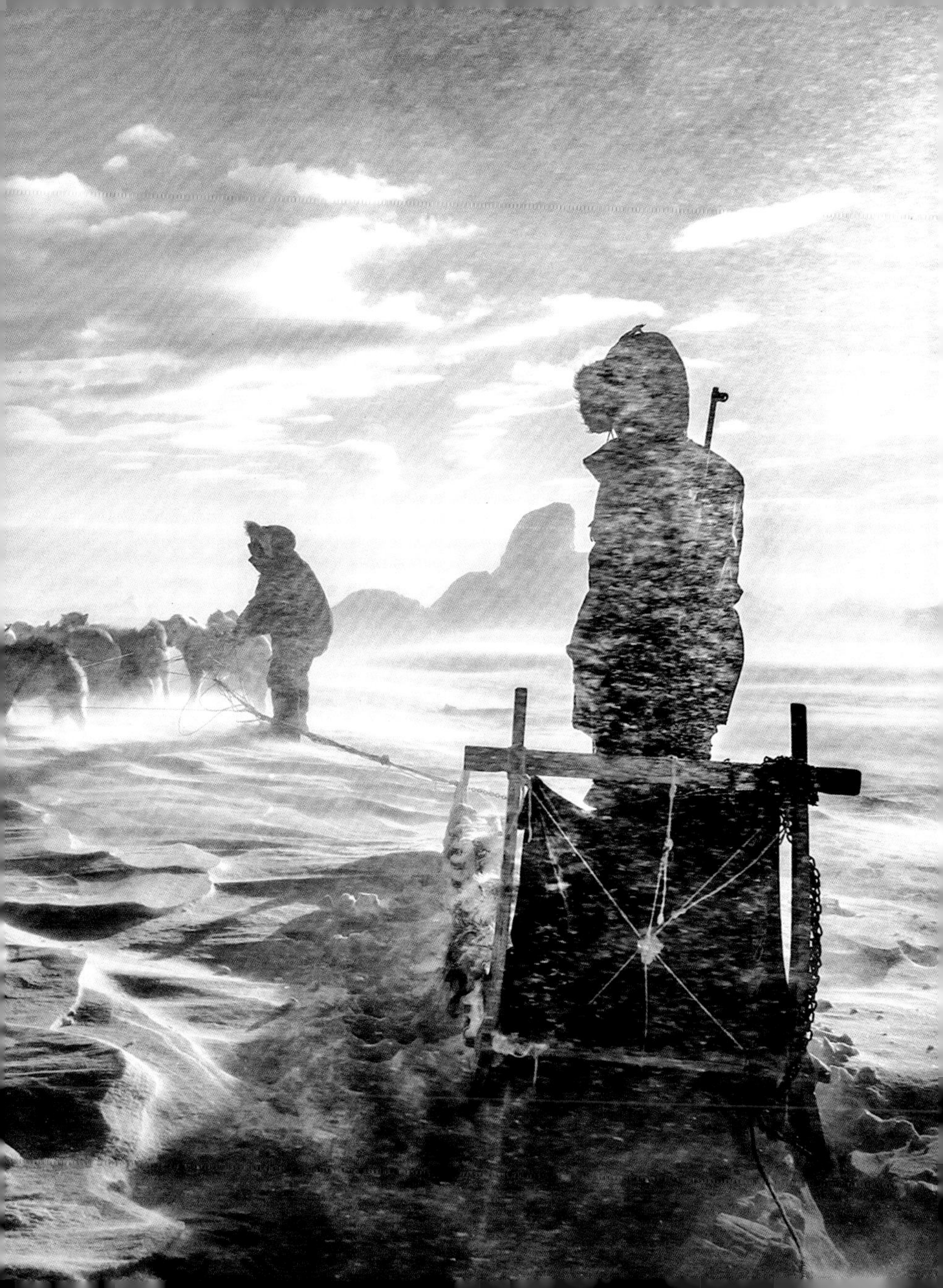

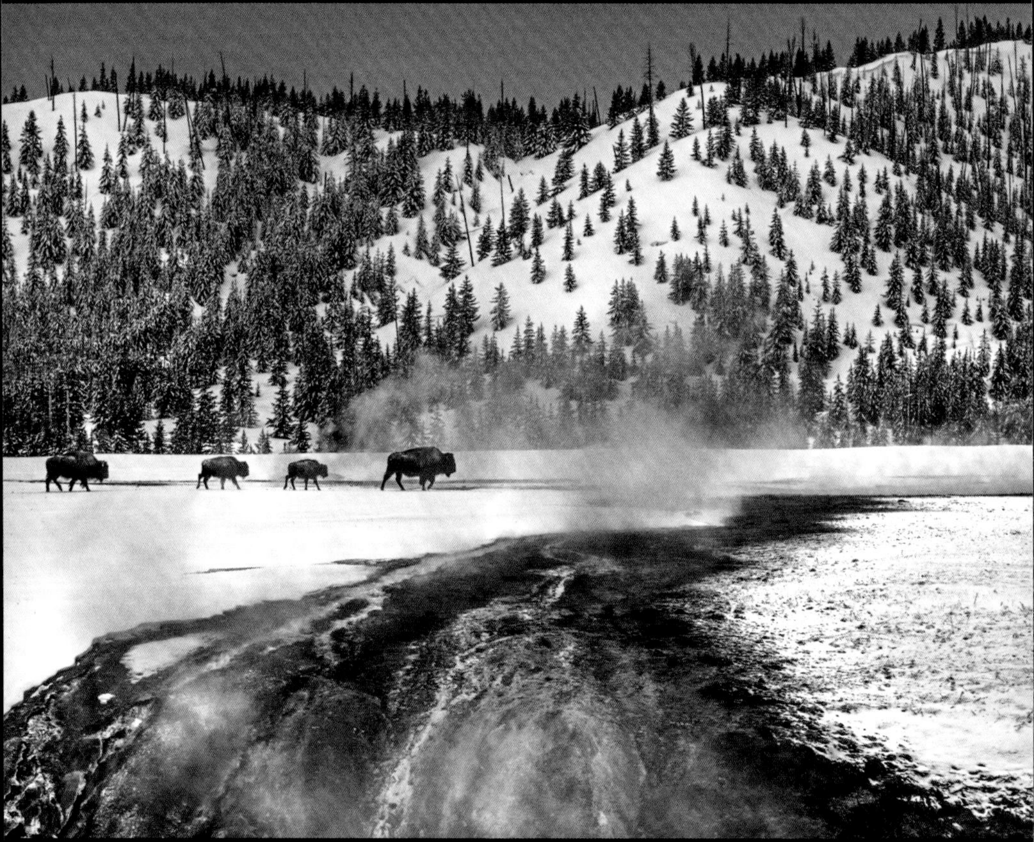

10

# Die Kamera ist ein Werkzeug

## *Ihre Ausrüstung muss funktionieren*

Beim Fotografieren geht es nicht um die Kamera. Sie ist nur Ausrüstung, Ihr verlängerter Arm. Es geht um Sie und Ihre Gefühle. Viele Fotografen legen zu großen Wert auf die Technik und kümmern sich zu wenig darum, was vor der Kamera stattfindet. Aber genau das macht den Erfolg einer Fotografie aus.

Ich fotografiere fast ausschließlich im manuellen Modus. Ich kann mich gar nicht mehr erinnern, wann ich zuletzt Zeit- oder Blendenautomatik verwendet habe, sodass die Kamera entscheidet. Die Belichtung stelle ich immer von Hand ein, und obwohl der Autofokus wirklich nützlich ist, fokussiere ich meist manuell, denn ich möchte die Kontrolle behalten. Die Kamera soll nicht für mich entscheiden.

Bei den Aufnahmen im Rahmen einer große Werbekampagne für den Uhrenhersteller TAG Heuer mit Cara Delevingne 2018 durfte nichts schiefgehen, nicht mit einem Kunden wie LVMH und einem Topmodel wie Cara im Boot. Ich habe alle Fotos mit manuellem Fokus und manueller Belichtung aufgenommen. So habe ich der Kamera die Befehle erteilt und nicht umgekehrt. Dazu muss man wissen, was man erreichen will und wie man das Beste aus der Kamera herausholen kann. Stellen Sie sich am Anfang immer die Frage: »Was versuche ich zu fotografieren?« und beginnen Sie von dort.

**Gegenüber:** *Yellowstone*, Yellowstone-Nationalpark, Wyoming, USA, 2017

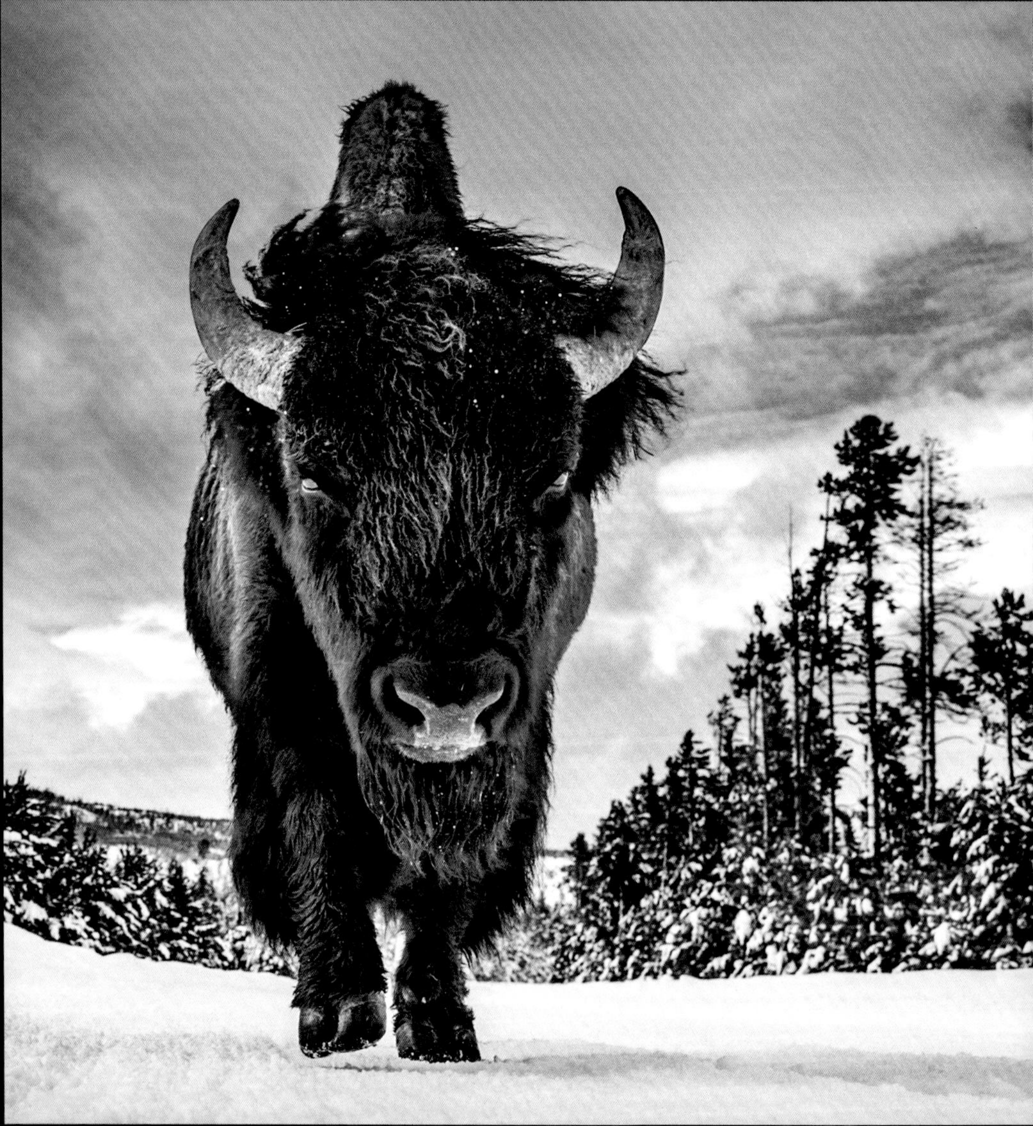

**Above:** *The American Idol*,
Yellowstone-Nationalpark, Wyoming, USA, 2017

Für 90 Prozent der Fotos halte ich die Kamera so niedrig wie möglich (wenn ich nicht mit Fernauslöser arbeite). Bei Tieren lege ich mich meist auf den Boden. Ich möchte meinem Motiv immer so nah wie möglich kommen. Ist das - aus Sicherheitsgründen oder weil ich das Tier nicht stören möchte - nicht möglich, stelle ich die Kamera möglichst nah an die Stelle, an die das Tier vermutlich gehen wird und an der ich das Foto aufnehmen möchte, stelle den Fokus ein und verwende einen kabellosen Fernauslöser. So kann ich aus sicherer Entfernung von mindestens 100 Metern, zum Beispiel aus einem Auto oder einem Metallkäfig heraus, auch gefährliche Tiere aufnehmen und fast intime Bilder schaffen. Ich verwende einen PocketWizard, den auch Sportfotografen nutzen.

Damit habe ich einige richtig gute Bison-Fotos gemacht. Ich löse aus, wenn der Bison etwa einen Meter vor der Kamera steht. Mit einem 24-mm- oder 28-mm-Objektiv ergibt sich eine großartige Perspektive, und ein genaues Portrait des gigantischen Tierkopfes. Damit erzielen Sie ein aussagekräftigeres Ergebnis als mit einem 400-mm-Objektiv aus einer Entfernung von 100 Metern. Im Yellowstone-Nationalpark habe ich 2017 einen riesigen Bisonbullen aufgenommen. Er lief direkt auf die Kamera zu. Ich hatte ein 28-mm-Objektiv auf der Kamera und betätigte den Auslöser, als der Bison etwa einen Meter vor der Kamera stand. Ich nannte das Bild *The American Idol*, denn für mich ist der Bison wegen seiner Kraft ein Sinnbild für Amerika. Ein weiteres spannendes Bild ist *The Departed*, für das ich eines der letzten lebenden Rhinozerosse Tansanias im Mkomazi-Nationalpark aus einem flachen Winkel mit Fernauslöser aufgenommen habe

Doch solche Aufnahmen hängen stark vom Zufall ab und die Erfolgsrate ist ziemlich gering. Manchmal kommt das Tier einfach nicht in Richtung der Kamera. Löwen können das, auch Elefanten. Die Natur lässt sich aber nicht zwingen. Sie brauchen Geduld (siehe Kapitel 14) und müssen viel warten.

Wilde Tiger lassen sich so nicht fotografieren. Bei Tigern dürfen Sie noch nicht einmal das Auto verlassen. Wenn Sie versuchen, die Kamera mit Fernauslöser dort aufzustellen, wo ein Tiger sein könnte, würden Sie in Sekundenschnelle getötet. Mit Elefanten ist das möglich, vorausgesetzt, Sie finden die richtige Stelle.

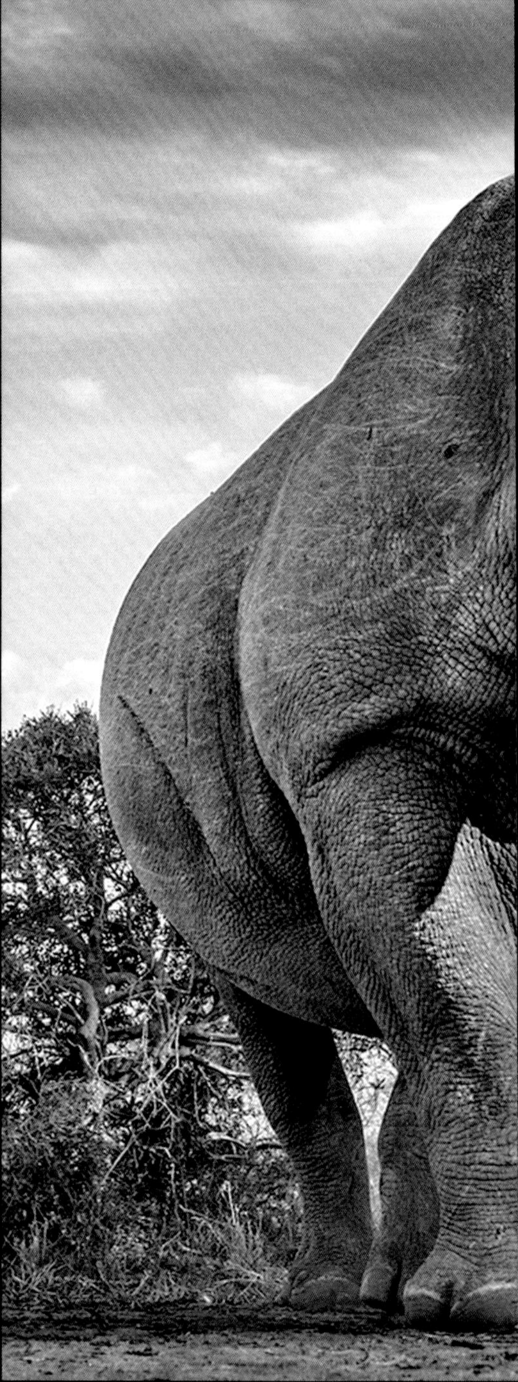

**Rechts:** *The Departed*,
Mkomazi-Nationalpark,
Tansania, 2016

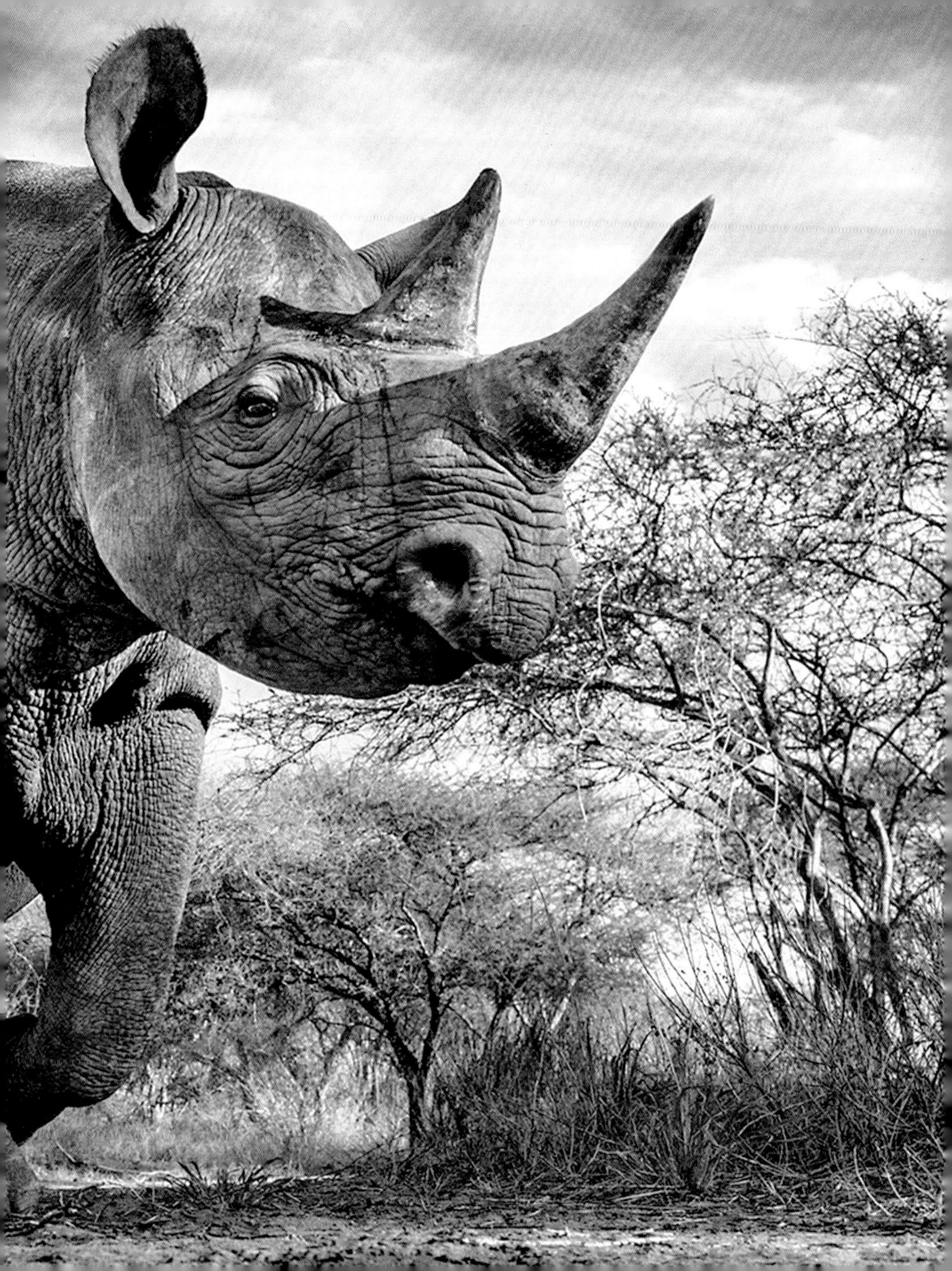

Wenn der Elefant noch 100 Meter entfernt ist und Sie brauchen 20 Sekunden, um die Kamera abzustellen und zurückzulaufen, ist es okay, da Elefanten meist in gerader Linie laufen. Aber lösen Sie nicht zu früh aus, denn Elefanten hören sehr gut. Wenn sie das Klicken hören, könnten sie die Richtung ändern und Sie bekommen keine Aufnahme. Behalten Sie also einfach die Nerven.

Teleobjektive passen eigentlich nicht zu meinem Stil. Dennoch sind sie gelegentlich praktisch, weil Sie Ihr Motiv auf weite Entfernungen erkennen können, wobei die Vergrößerung sehr hilfreich ist. Meist verwende ich 200-mm-, 105-mm-, 58-mm und 35-mm-Objektive. Ich bin mit Festbrennweiten sehr glücklich, wobei auch Zoomobjektive ihre Bestimmung haben.

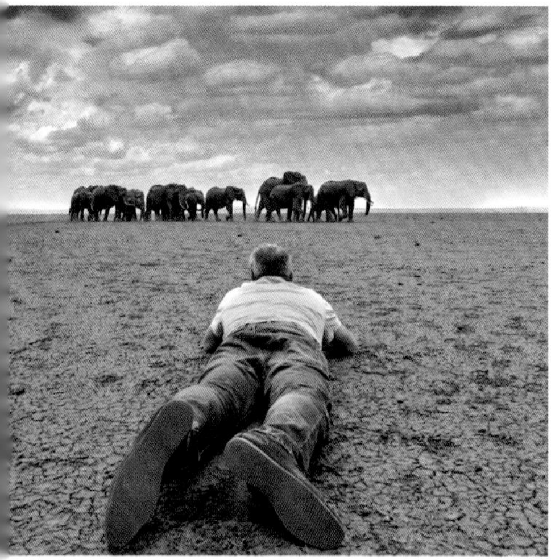

Ist ein Stativ sinnvoll? Ich verwende kein Stativ, ganz einfach deshalb, weil ich auch ohne klarkomme. Außerdem möchte ich schnell auf alles reagieren können. Natürlich steht die Kamera auf einem Stativ ruhig. Aber wenn Sie zum Beispiel Wildtiere in Afrika fotografieren, passieren Dinge manchmal innerhalb von Sekunden und Sie haben keine Zeit, ein Stativ aufzustellen.

Noch ein letztes Wort zur Kamera als Werkzeug: Wenn Sie irgendwo auf der Welt auf Tiere treffen, die Sie noch nie gesehen haben, sollten Sie auf die richtigen Kameraeinstellungen achten. Wenn Sie etwas für Sie völlig Neues fotografieren, sind Sie wahrscheinlich ein wenig aufgeregt und stehen unter Stress. Vielleicht halten Sie Ihre Kamera nicht ganz ruhig. Achten Sie deshalb immer darauf, welche Verschlusszeit Sie wählen. Vor allem mit einem längeren Objektiv sollten Sie unter 1/1000 s bleiben.

Die heutigen Kameras sind so gut, dass Sie so immer ein gutes Bild bekommen, außer bei einem sehr hohen ISO-Wert. Aber sorgen Sie sich nicht zu sehr um den ISO-Wert. Arbeiten Sie mit der Blende. Viele Bilder gelingen nicht, weil die Kamera für das Motiv nicht schnell genug ist.

**Oben:** David fotografiert Elefanten, 2016
**Gegenüber:** *Lugard*, Tsavo, Kenia, 2017 (Detail)

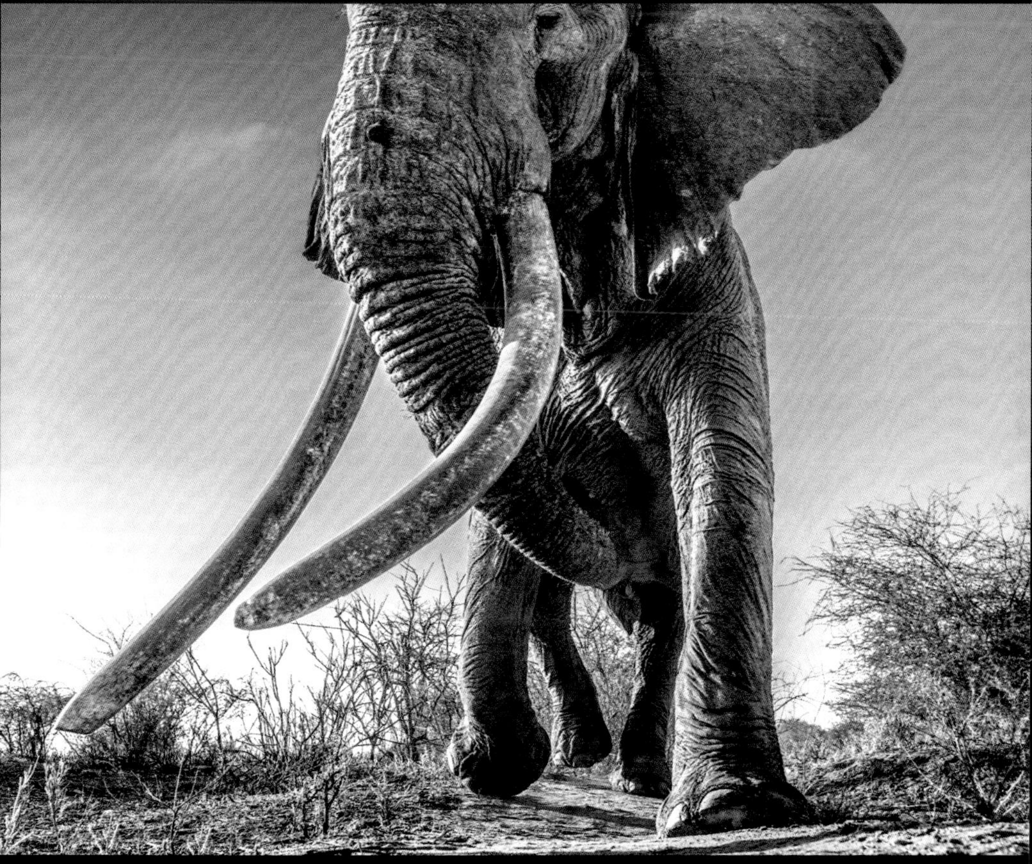

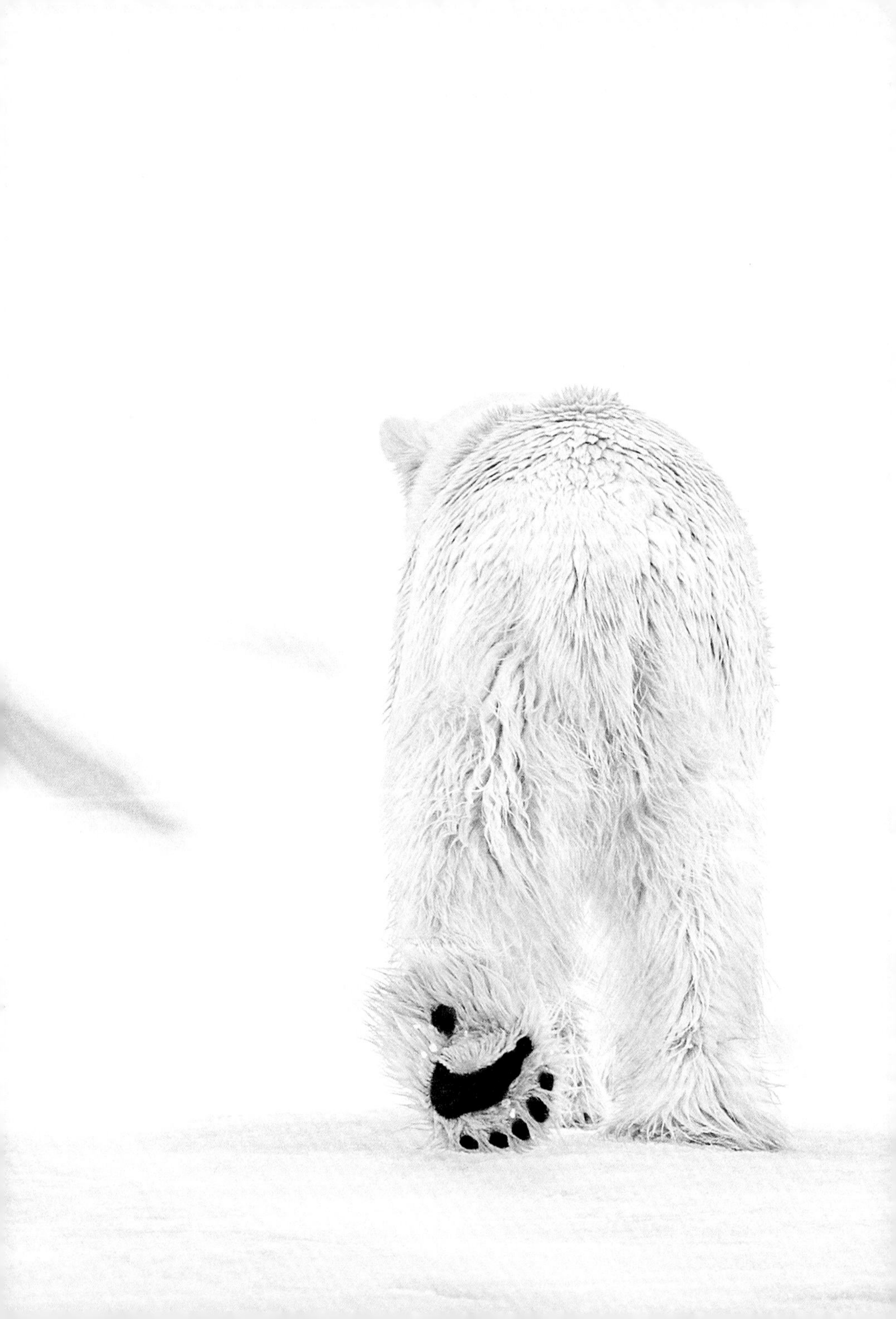

11

# Seien Sie mutig

## *Wirkungsvolle Bilder aufnehmen*

Wenn Sie sich auf das Abenteuer der Wildtier-Fotografie oder anderer spannender Motive einlassen, sollten Sie sich nie mit mittelmäßigen Fotos zufriedengeben. Machen Sie sich wirkungsvolle Bilder zum Ziel.

Die besten Fotos vereinen zwei Eigenschaften: Man kann sie lange betrachten und sie können wahrscheinlich kein zweites Mal aufgenommen werden. Mein Lieblingsfoto, das ich eigentlich nicht abgeben mag (und das ich nie wieder so aufnehmen werde), ist *78 Degrees North*, aufgenommen in Svalbard, Norwegen. Man sieht eigentlich nur die Fußsohle eines Eisbären, der wegläuft. Die Pfote, die den Blick automatisch anzieht, steht da wie ein Fragezeichen. Wer auch immer das Bild betrachtet, muss sich über seine Bedeutung Gedanken machen.

Ein emotional aufgeladenes Foto, das ohne Zweifel bei den verschiedenen Betrachtern unterschiedliche Gedanken auslöst. Wenn ich mir das Bild anschaue, weiß ich, dass der Eisbär und ich uns nie wieder begegnen werden. Gleichzeitig kommt mir die außergewöhnliche biologische Vielfalt unseres Planeten in den Sinn. Unweigerlich denkt man an die durch den Klimawandel verursachte Notlage der Eisbären und damit aller gefährdeter Tiere.

Ich habe in diesem Foto absichtlich Platz für negativen Raum gelassen. Ich bin überzeugt, dass wir solche negativen Räume nicht verdrängen dürfen, sondern sie bewusst einsetzen müssen. Das Foto ist beeindruckend, weil es offenbar so viel Leere enthält

**Gegenüber:** *78 Degrees North*, Svalbard, Norwegen, 2017 (Detail)

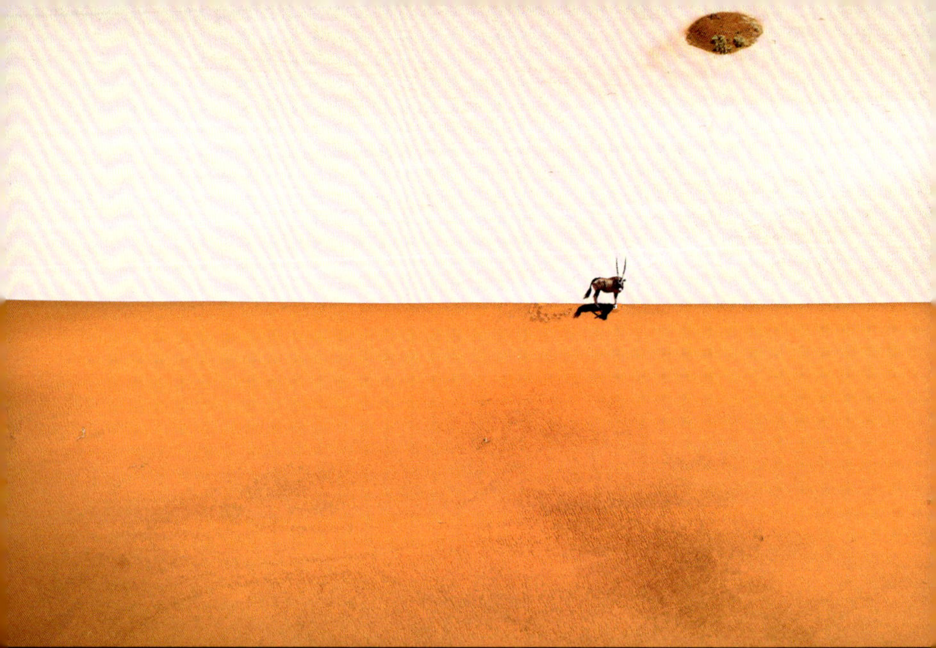

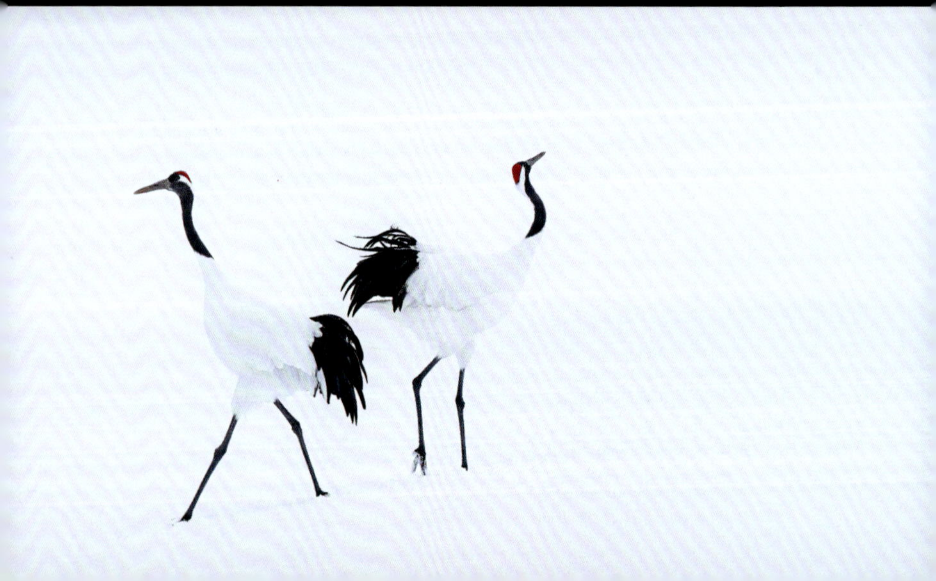

– genauso wie der Eisbär in der Leere lebt. Der negative Raum auf diesem Foto ist also im Grunde gar nicht negativ, sondern ein sehr voller Raum, selbst wenn das wie ein Widerspruch klingt. Aber Sie erkennen Schattenflecken, die sich durch die Konturen der Landschaft ergeben, und der Raum rund um den Eisbären sorgt für Kontext und Balance. So gesehen, ist der Raum sehr aktiv.

Ein wichtiger Aspekt in der Fotografie ist die »Reduktion«. Um ein Klischee zu bedienen: »Weniger ist mehr.« Die besten Ideen lassen sich in zwei Sätzen zusammenfassen, und die besten Fotos sind einfach und unkompliziert. Sie erreichen das, indem Sie Irrelevantes weglassen, Details, die nicht unbedingt nötig sind. Dieses Bild wirkt so friedlich und gelassen, weil so wenig passiert.

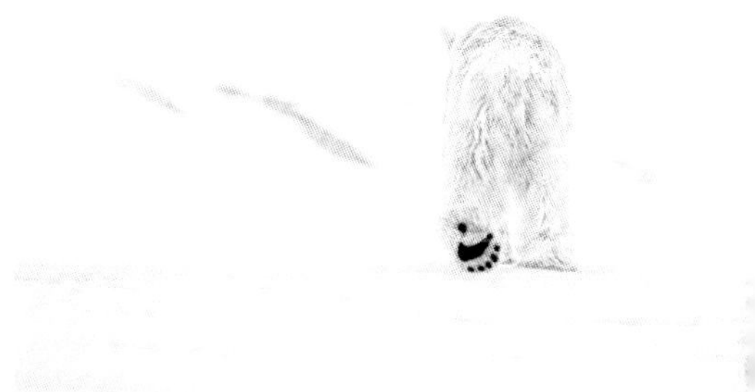

Ich hatte bereits erwähnt, dass Steven Spielberg zu meinen Helden gehört. Es gibt ein wunderbares Interview mit Tom Hanks, der gefragt wurde, warum sein langjähriger Kollege der »Regisseur unserer Generation« sei. Hanks erklärt, er schätze »den Sprachfluss« Spielbergs und seine Fähigkeit, »eine emotionale Reaktion hervorzurufen«. Er scheint zu wissen, wie die Menschen ticken, was sie glücklich, traurig oder ärgerlich macht oder andere Gefühle erzeugt. Für die Fotografie gilt das Gleiche: Ohne Gefühle sagt ein Bild nichts aus. Der Fotograf muss dafür sorgen, dass die Menschen auf sein Bild reagieren, das ist seine zentrale Aufgabe.

Sie haben viele Möglichkeiten, dem Betrachter eine emotionale Reaktion zu entlocken. Zum Beispiel mit Licht. Bei der Aufnahme von *Heaven Can Wait* (siehe Doppelseite) habe ich mich von meinem zehnjährigen Sohn inspirieren lassen. Er hatte eine Giraffe in dem Moment fotografiert, als die Sonne ihre Fußabdrücke im Staub erleuchtete. Für mein Foto stand ich auf einer Leiter, die seitlich an einem Jeep befestigt war. Mit einer Hand hielt ich mich fest, in der anderen hielt ich die Kamera.

**Gegenüber, oben:** *Clockwork Orange, Namib-Wüste, Namibia, 2011*
**Gegenüber unten:** *Hokkaido*, Hokkaido, Japan, 2017
**Oben:** *78 Degrees North*, Svalbard, Norwegen, 2017

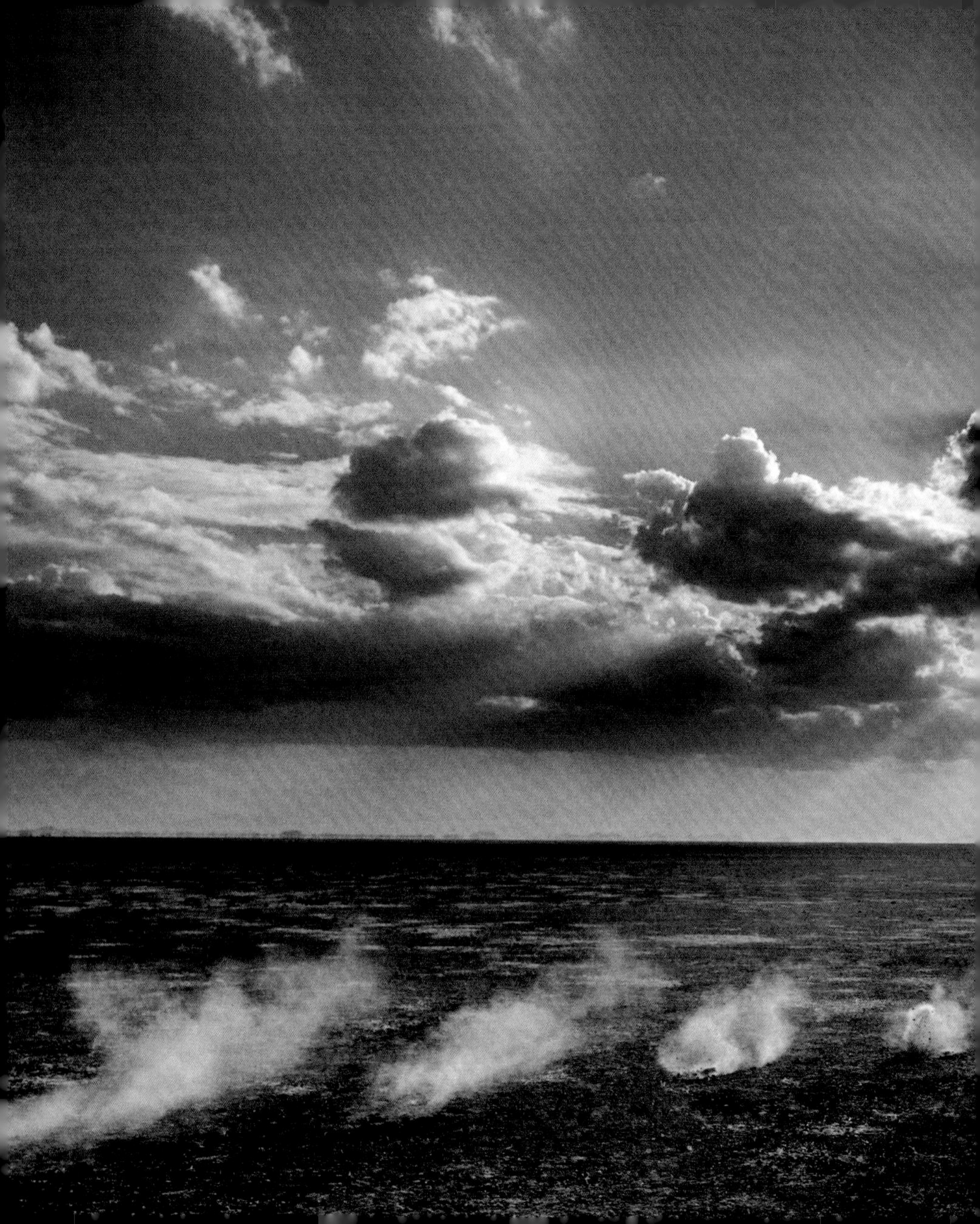

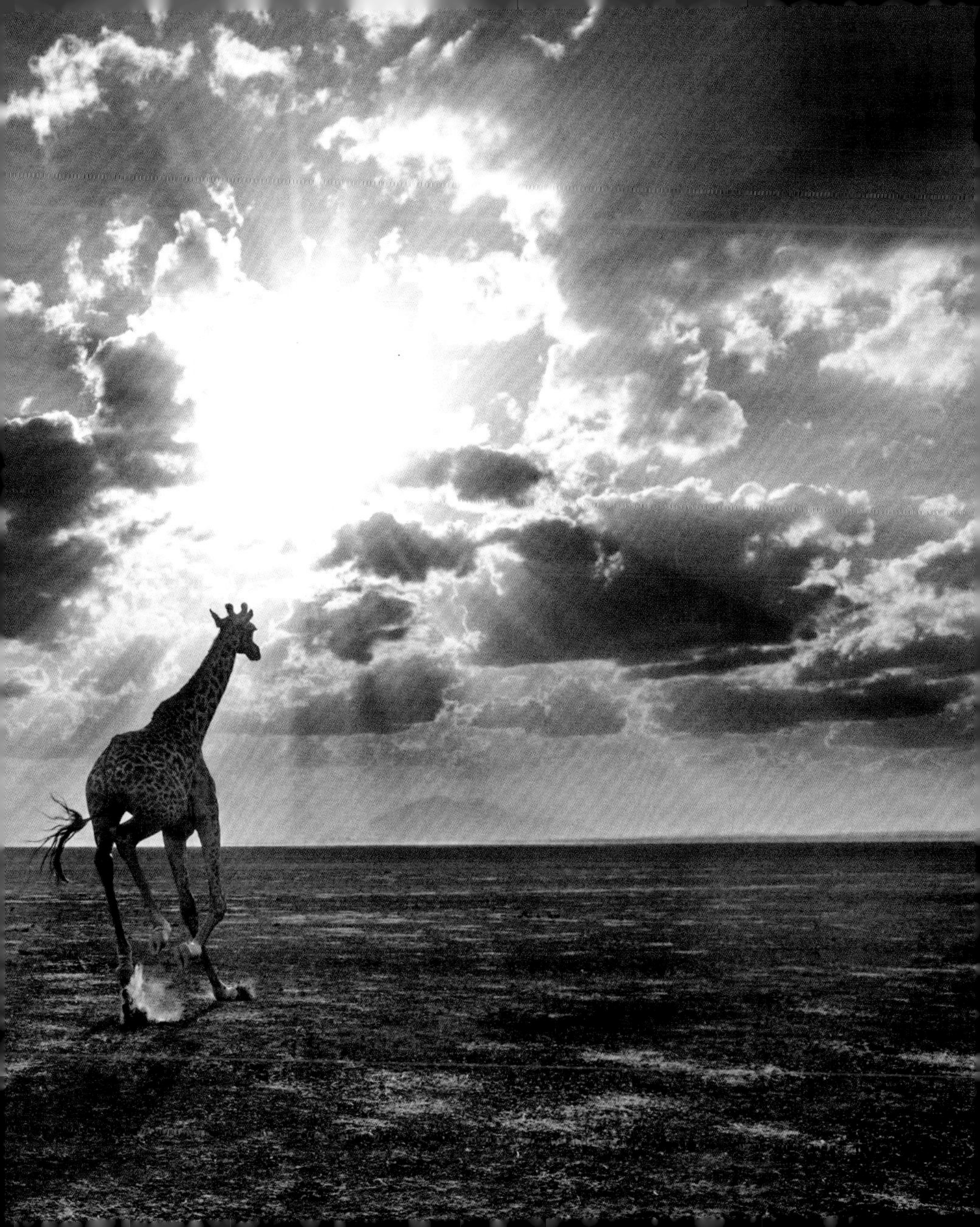

Wir hatten die Giraffe bereits eine halbe Stunde lang in der Abenddämmerung verfolgt – und dann gelang mir diese dramatische Aufnahme. Ich will damit nicht sagen, dass Sie sich unbedingt an einen Jeep hängen müssen, der mit Höchstgeschwindigkeit durch die Steppe jagt. Aber überlegen Sie, wie Sie das Licht optimal nutzen können, um eine Wirkung zu erzeugen. Vielleicht können Sie den Hintergrund des Motivs beleuchten, wie auf meinem Foto, oder eine Silhouette erzeugen. Seien Sie kreativ.

Sie können Ihrem Foto auch mit grafischen Schatten und Linien Aussagekraft verleihen. Zwar bevorzuge ich Schwarz-Weiß-Fotos, aber manchmal verwende ich auch Farben, wie zum Beispiel für das Bild der Oryxantilope in der Namib-Wüste (siehe Seite 68). Auch hier ist weniger mehr. Die kräftige horizontale Linie teilt das Bild in zwei Bereiche und unterstreicht seinen grafischen Charakter. Durch diese Aufteilung konnte ich auch die dynamischen Farben der Szene perfekt nutzen.

Häufig werde ich gefragt, in welchen Ländern ich am liebsten fotografiere, welche Länder die größten visuellen Schätze bergen. Die üblichen Verdächtigen sind diese: Namibia, Chile, Italien, Norwegen, die USA und Island. In punkto größtes visuelles Vergnügen pro Quadratkilometer gewinnt dabei Island. Es gibt Vulkane, Eisberge und Wasserfälle – die Landschaft ist spektakulär. Ich habe den Skógafoss-Wasserfall im südlichen Island viele Male besucht. Dort habe ich mein erstes Erfolgsfoto aufgenommen. Er ist daher ein besonderer Ort für mich. Dieser symmetrische und sehr hohe Wasserfall ist einer der schönsten in Europa. Er wurde zwar schon unzählige Male fotografiert, aber wenn Sie sich Mühe geben, können Sie ein ganz besonderes Foto schießen. Beim Foto *Wonderwall* ist das Pferd nur ein kleines Element, aber der Blick fällt sofort darauf. Wenn ich Pferde in Island fotografiere, verwende ich am liebsten ein 200-mm-Objektiv. Damit kann ich sowohl den Vordergrund als auch die große, kraftvolle Szene dahinter einfangen.

Wirkung entsteht, wenn Sie dem Motiv ganz nahe kommen. Aber auch wenn Sie sich zurückziehen und nur die Schönheit der Landschaft aufgreifen, erhält das Bild Relevanz. Es gibt keine verbindlichen Regeln. Nehmen Sie sich Zeit und überlegen Sie, wie Sie den Betrachter mit Ihrem Foto aufwühlen.

**Vorherige Seite:** *Heaven Can Wait*, Amboseli-Nationalpark, Kenia, 2014
**Gegenüber:** *Wonderwall*, Island, 2018

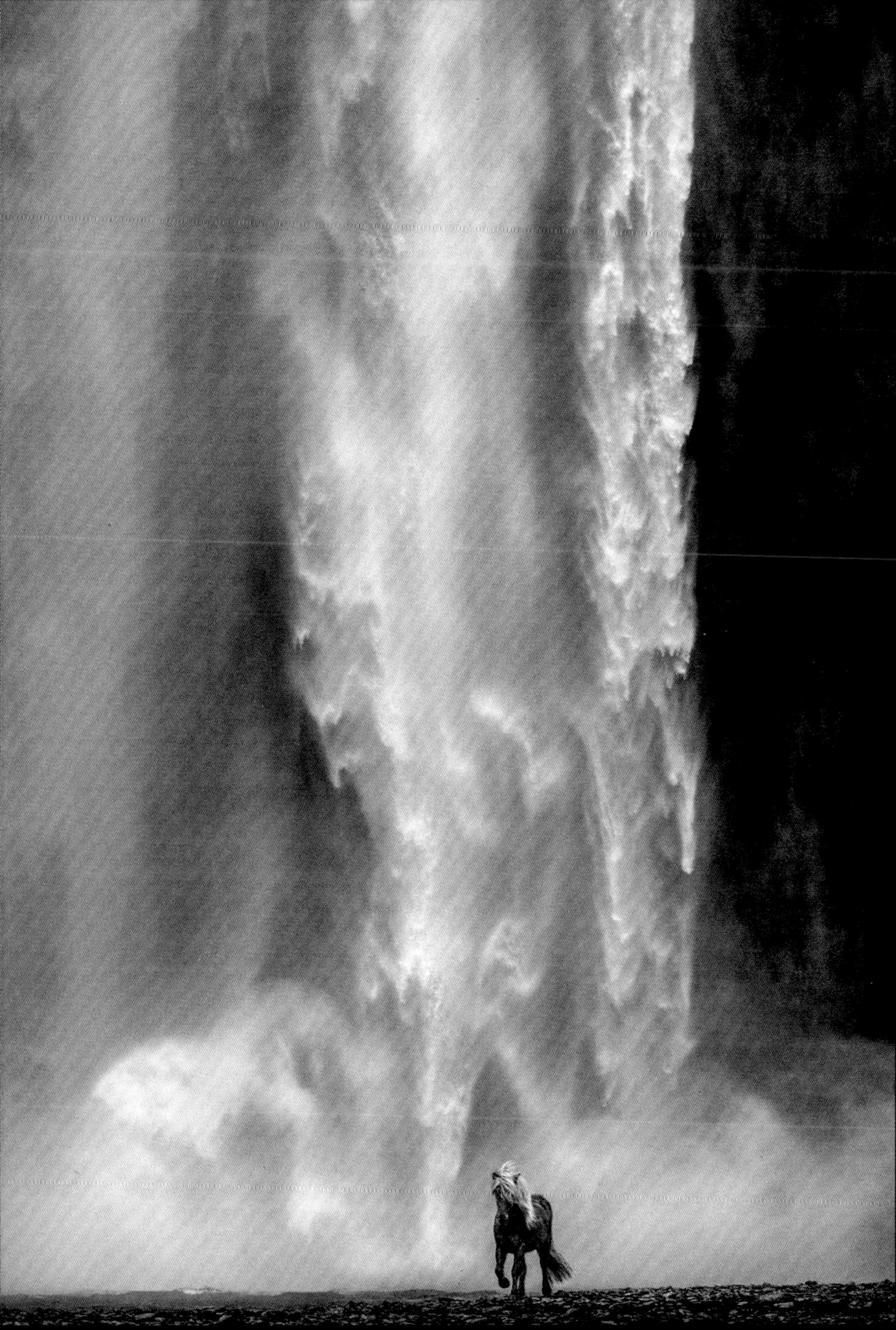

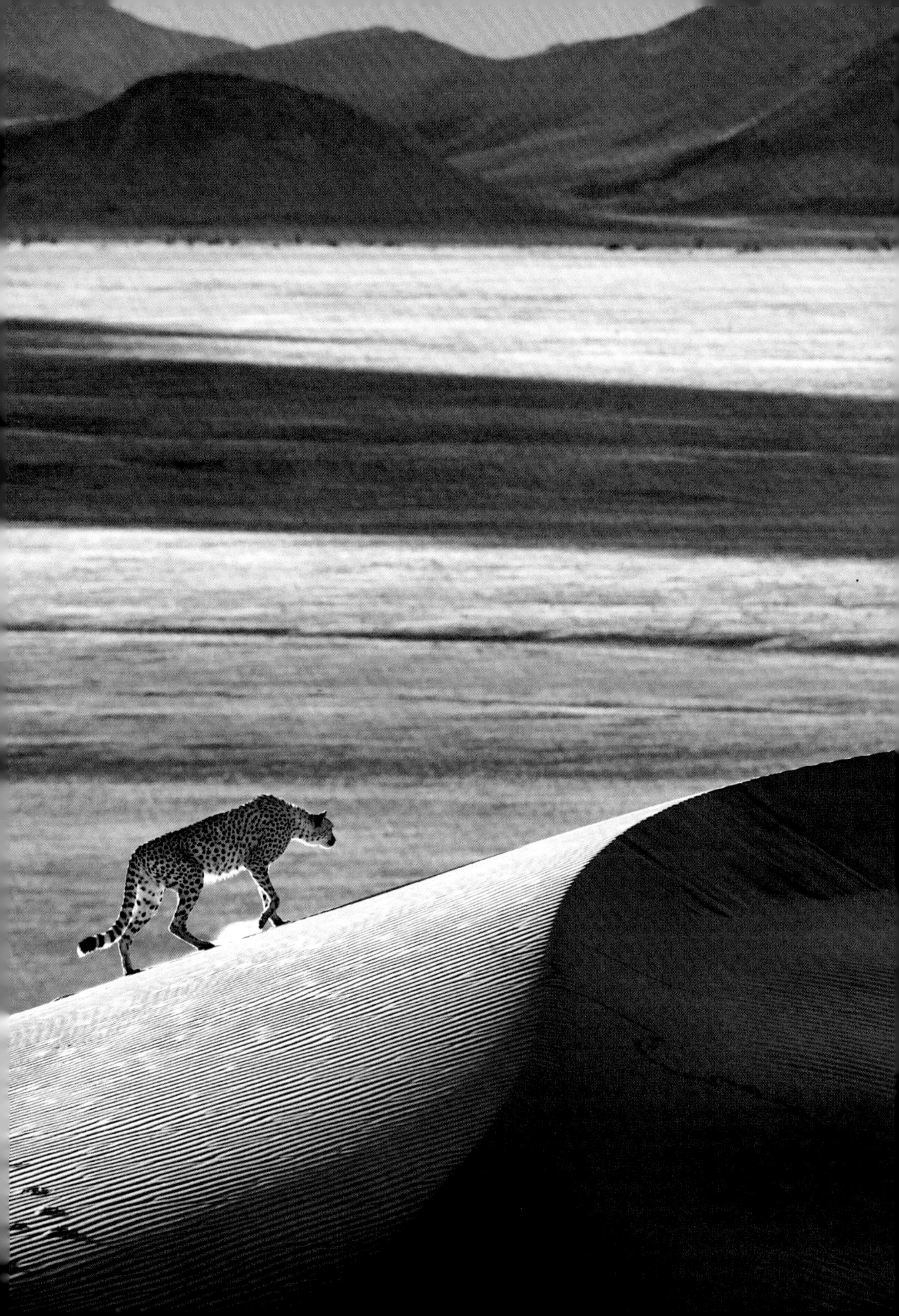

12

# Feilen Sie an der Komposition

## *Erzeugen Sie Bilder, die fließen*

Ein großartiges Foto hängt nicht oder nur in geringem Maße von einer tollen Kamera ab. Logistische Überlegungen und die Konzeption der Idee haben mehr Einfluss. Das klingt vielleicht kontrovers, aber für mich hat die Komposition nichts mit der Kamera zu tun. Natürlich ist die Kamera Ihnen ein wichtiger Partner, aber insgesamt gibt Ihr Gespür für die Zusammenstellung des Bildes den Ausschlag. Raumgestalter verfügen zum Beispiel über diese Fähigkeit, genauso wie Architekten. Und Künstler und Fotografen haben auch ein gutes Gespür.

Als ich meine ersten Schritte als Sportfotograf ging, spielte die Bildgestaltung zwar eine Rolle, war aber nicht ausschlaggebend. Hier war es wichtiger, den Fußballer zum richtigen Moment beim Torschuss oder den Tennisspieler beim entscheidenden Schlag zu treffen. Das Ziel war es, einen Augenblick abzubilden, ähnlich einer Fotoreportage. Heute gehört Bildgestaltung bei jedem Foto zum Kern meines Denkprozesses.

Als Jugendlicher habe ich mich für Kunst interessiert, vor allem für Malerei. Ich arbeitete an einem Schulprojekt über *Die Jäger im Schnee* von Pieter Bruegel dem Älteren (siehe nächste Seite). Wenn Sie das Werk kennen, werden Sie wie ich die geschickte Komposition bewundern. Die Jäger und die Hunde in der unteren linken Ecke sind der Ankerpunkt des Gemäldes, und Bruegel führt unseren Blick durch die Szene nach oben rechts, wo Vögel in den Himmel steigen und schneebedeckte Berge im Hintergrund

**Gegenüber:** *Prowl,* Namib-Wüste, Namibia, 2013 (Detail)

aufragen. Alles ist wunderschön im Fluss und das Bild zeigt ein perfektes Gespür für die Bewegung.

Glücklicherweise habe ich ein Gefühl dafür, was eine gute und was eine schlechte Komposition ist. Allerdings habe ich viele Jahre hart daran gearbeitet, diese Fähigkeit zu perfektionieren. Ich glaube, dass jeder dieses Gefühl mit viel Übung und Aufmerksamkeit entwickeln kann.

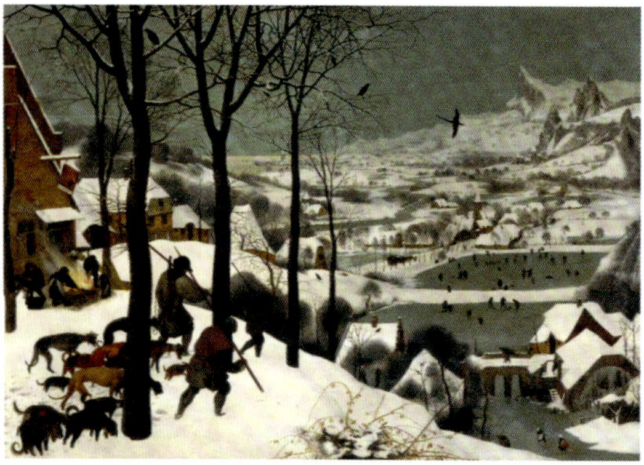

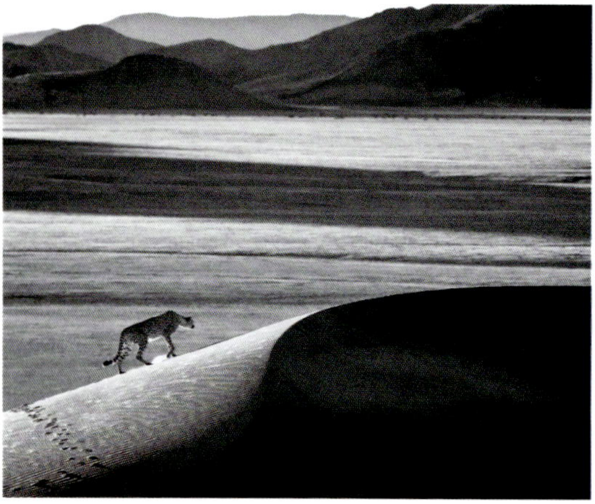

Wie bereits in Kapitel 5 erwähnt, ist der Vordergrund ein wirklich wichtiger Teil des Bildes, und er sollte nicht leer oder uninteressant sein. Schauen Sie sich Bruegel an: Er hat die Hunde und die Jäger ganz bewusst in den Vordergrund gestellt. Stellen Sie sich vor, Sie springen in ein Bild, zum Beispiel auf einer großen Kinoleinwand, und Sie müssen ewig lange durch das Bild gehen, bevor Sie das finden, was Sie aus Sicht des Fotografen sehen sollen. So wäre das bei einem leeren Bild. Sie müssen sich vor allem Gedanken über den Vordergrund machen, also über die Stelle, an der der Betrachter das Bild betreten soll. Und dann lenken Sie den Blick so durch die Szene, dass Interesse und Spannung aufrechterhalten bleiben.

**Oben:** *Die Jäger im Schnee,* Pieter Bruegel der Ältere, 1565
**Unten:** *Prowl,* Namib-Wüste, Namibia, 2013

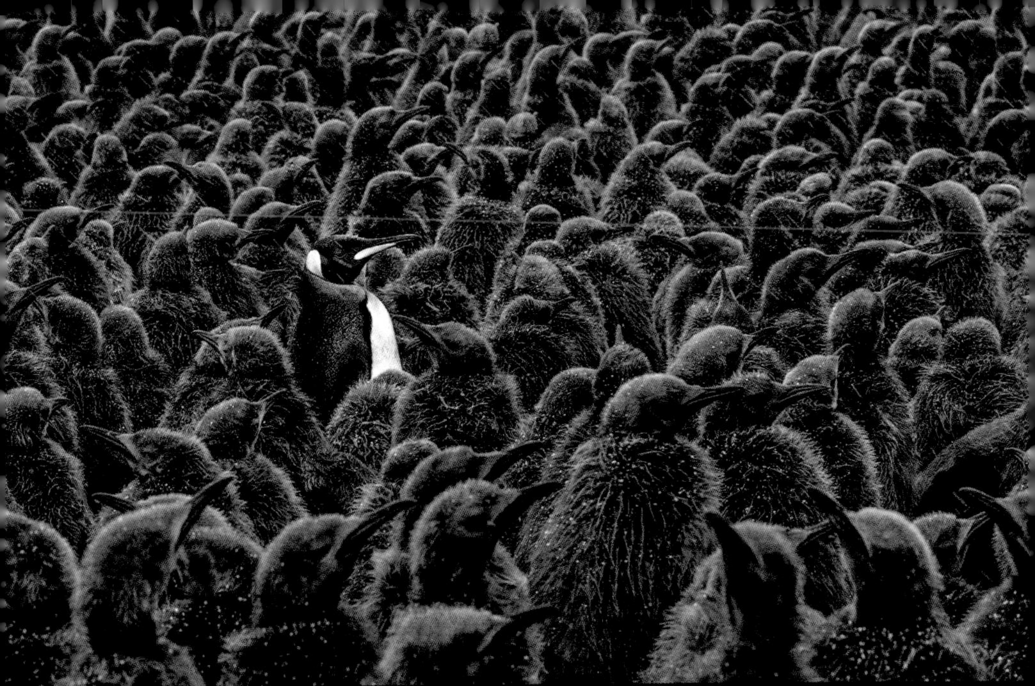

**Oben:** *Daddy's Home*, Südgeorgien, 2018

Wenn ich ein 35-mm- oder ein 28-mm-Objektiv oder mein Nikon AF-S58 mm f/1.4G verwende, wird mir besonders bewusst, dass der Betrachter sofort »eingefangen« werden muss. Schauen Sie sich das Foto *Prowl* auf Seite 76 an. Der Gepard steht abseits der Mitte links unten. Von diesem Punkt aus öffnet sich das Bild. Die Schwingung der Düne ist nicht nur aus kompositorischer Sicht interessant, sondern stellt auch eine Verbindung zwischen dem unteren und dem oberen Teil des Bildes dar. Achten Sie auch auf die Drittel-Regel, nach der das Bild gleichmäßig sowohl vertikal als auch horizontal in Drittel aufgeteilt wird und sich das Motiv in einem dieser Drittel befindet. Ich bin kein großer Anhänger von Regeln, aber diese verleiht dem Bild eine Struktur.

## »Jedes Element in einem Bild muss einen bestimmten Sinn haben.«

»Spannungspunkte« sollten Sie auf jeden Fall vermeiden, denn sie haben wenig oder gar keine Bedeutung für das Foto. Sie stören die Harmonie und lenken ab. Sie ziehen den Blick auf sich, aber aus dem falschen Grund. So wird die Aufmerksamkeit des Betrachters auf ein nicht erwünschtes Element gezogen. Der Betrachter soll auf das Motiv schauen, auf das Sie seinen Blick lenken, also auf das »richtige Element. Aus diesem Grund dürfen keine überflüssigen Dinge wie zum Beispiel tote Bäume oder abgeschnittene Motive im Bild erscheinen. Jedes Element muss einen bestimmten Sinn haben.

Martin Scorsese erzählt, dass er als Kind immer aus dem Fenster der Wohnung im dritten Stock seines Hochhauses schaute. Von diesem Ausblick lernte er später als Filmemacher, Bilder auf natürliche Weise im Kopf zu gestalten. Mir gefällt die Vorstellung eines Fensters als Bühne oder Leinwand, auf der die Aufmerksamkeit auf die wichtigen Dinge gelenkt wird. Kompositorisches Gleichgewicht lässt sich im Großen und Ganzen finden, wenn Sie Dinge aufmerksam betrachten und darüber nachdenken. Stellen Sie sich einfach vor, wie sie auf einem Foto aussehen.



**Gegenüber**: *Take Off*, Alaska, USA, 2016

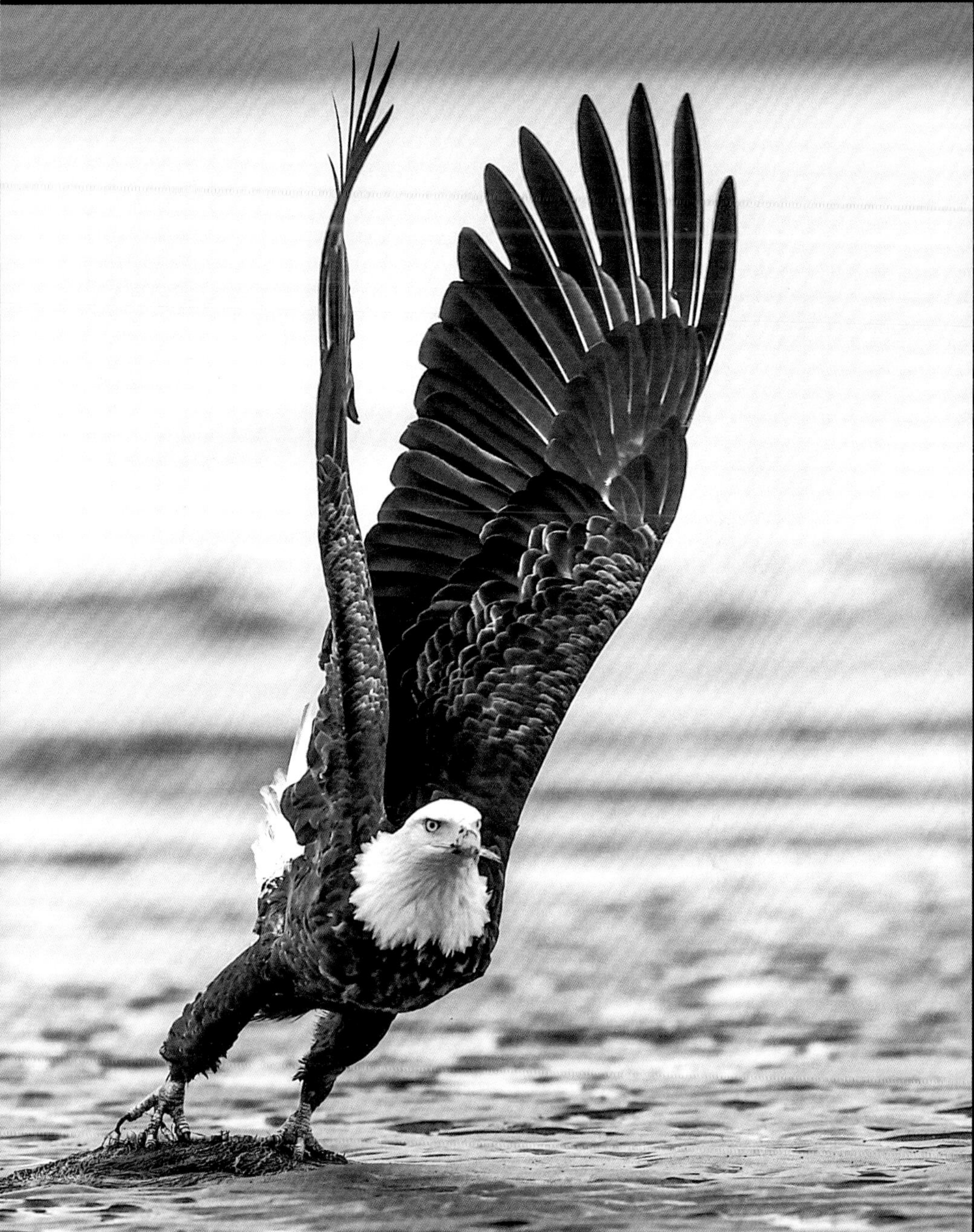

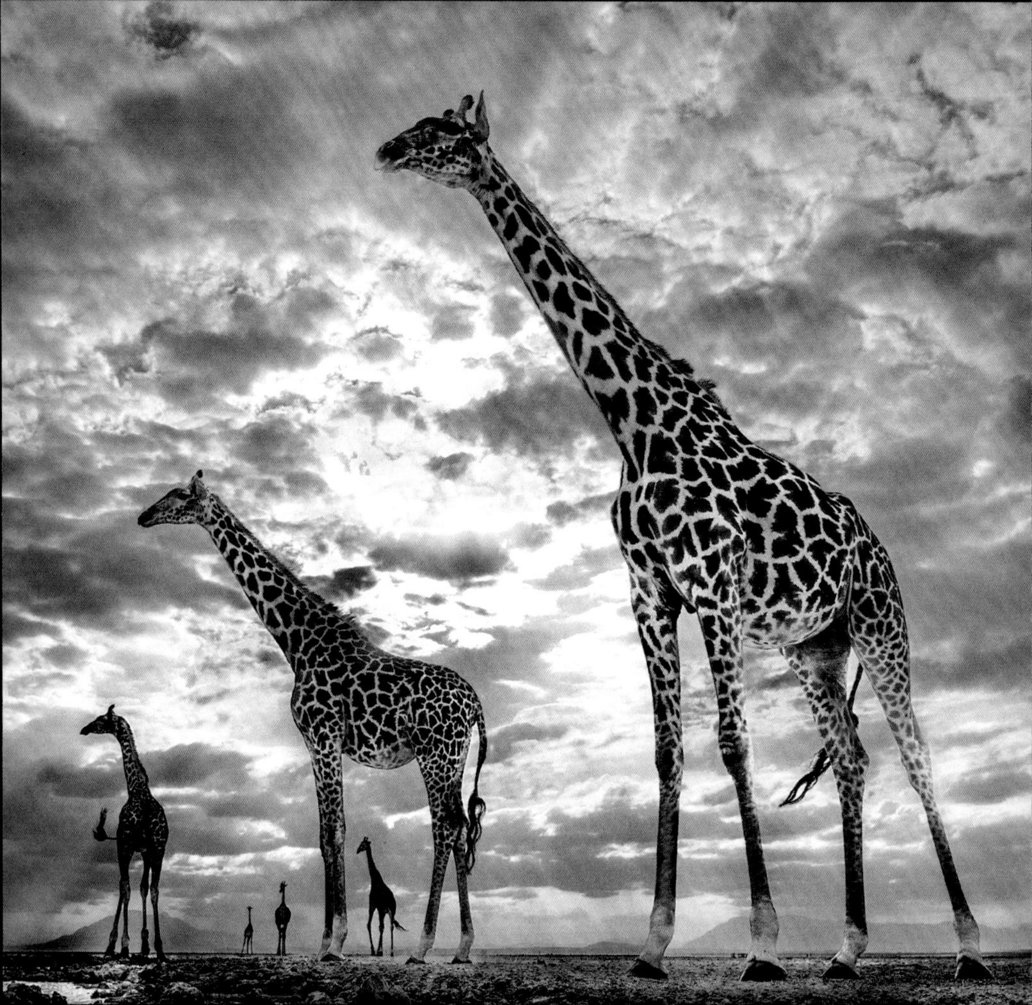

**13**

# Nutzen Sie Überraschungen

## *Seien Sie offen für Inspirationen*

Wie Sie bereits wissen, bereite ich mich auf jedes Shooting sehr genau vor, aber Zufall und Spontaneität spielen ebenfalls eine Rolle. Wenn Ihnen aus dem Nichts eine Idee in den Kopf kommt oder Sie etwas entdecken, das Sie berührt, nur zu – Sie ärgern sich sonst später. Sie müssen genau dann auf eine Inspiration reagieren, wenn sie entsteht. Die Idee für das Foto *The Barber off Fairfax* kam mir, als meine Kamera eingepackt und ich eigentlich privat unterwegs war. Als visueller Mensch nehmen Sie Ihre Umgebung ständig wahr. Sie sagen nicht: »Oh, es ist 17.00 Uhr, für heute bin ich fertig. Jetzt bin ich kein visueller Mensch mehr.«

Ansel Adams bemerkte einmal: »Der kreative Künstler streunt immer in der Welt umher und erschafft neue Welten.« Ein Fotograf hört nie auf zu denken und zu schauen. Er sucht dauerhaft nach dem nächsten Motiv, egal, ob er eine Kamera in der Hand hält oder nicht.

Die Geschichte zu *The Barber off Fairfax* geht so: Ich arbeitete in den USA, in Kalifornien, und benötigte einen Haarschnitt. Außerhalb von Fairfax in Los Angeles fand ich in einem kreativen Viertel einen ziemlich coolen Friseur. Als ich den Laden betrat, dachte ich sofort: »Was für ein toller Ort zum Fotografieren!« Der Raum hatte so viel Atmosphäre: Vom Boden bis zur Decke war er voller Bilder und die Menschen im Laden hatten so viel Persönlichkeit – ich war total begeistert.

**Gegenüber:** *Keeping Up with the Crouches,* Amboseli-Nationalpark, Kenia, 2019
**Nächste Doppelseite:** *The Barber off Fairfax*, Los Angeles, USA, 2018

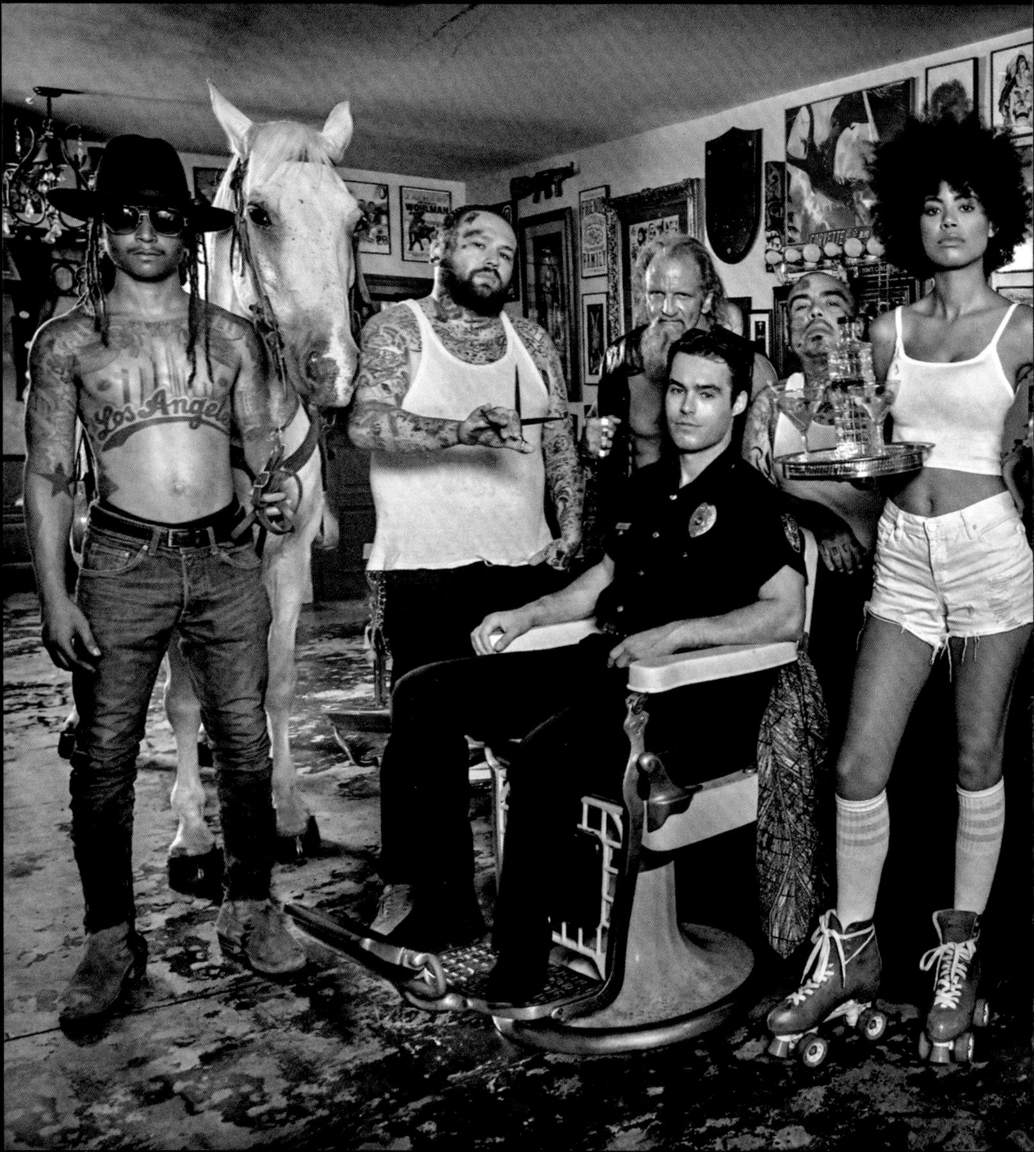

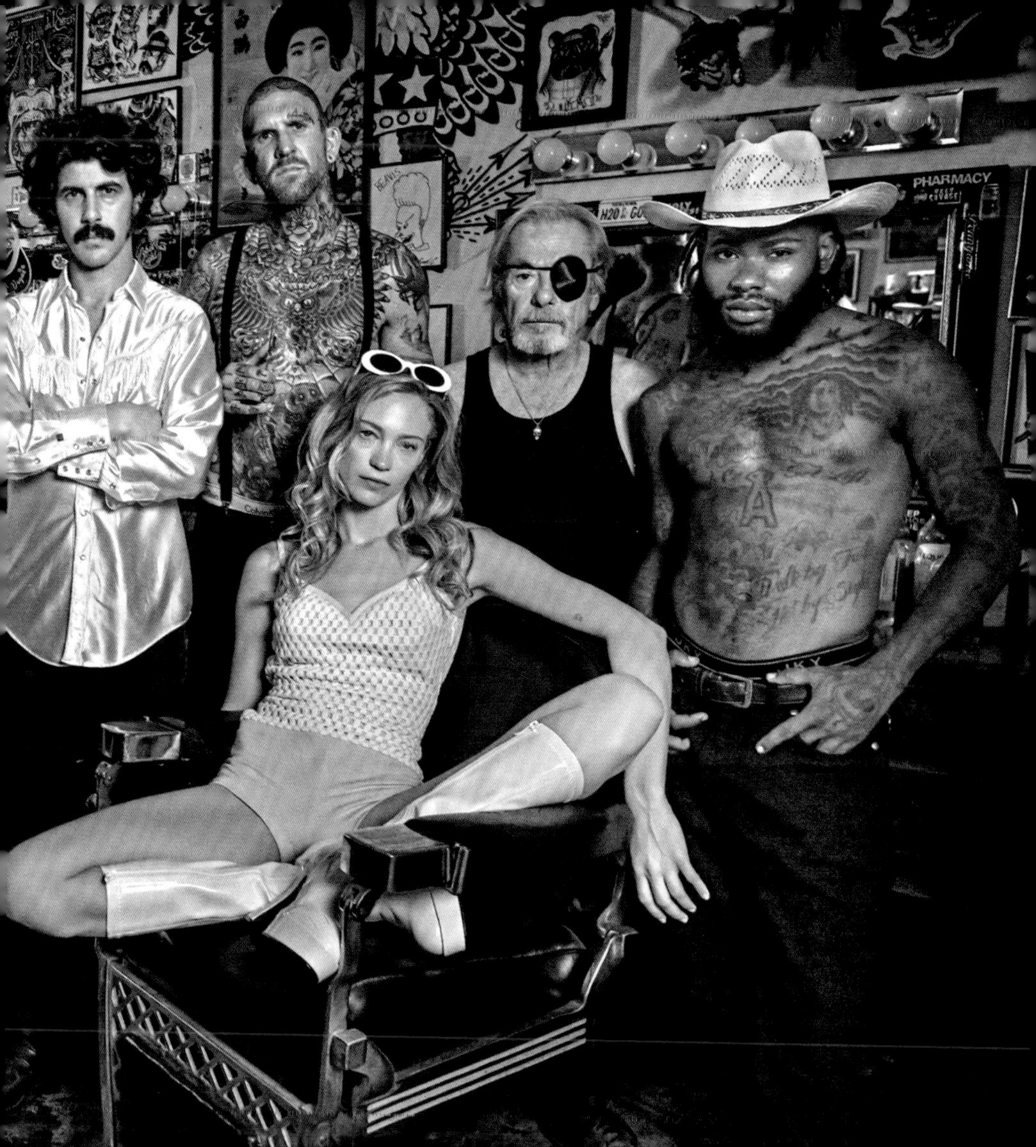
PHARMACY

Beim Haareschneiden fragte ich den Eigentümer, ob jemals ein Filmteam in seinem Laden gewesen sei, was er verneinte. Ich erwiderte: »Okay, dann wird das jetzt dein erstes Mal.« Und dann organisierten wir ein Shooting. Der Laden war perfekt und wie meine Lieblingsbar in Montana war er so von natürlichem Licht durchströmt, dass wir keine künstliche Beleuchtung brauchten.

Ich wollte so viele Charaktere wie möglich einfangen. Es gab zum Beispiel ein Mädchen mit Rollerskates, das wie in *Boogie Nights* für die Stimmung aus dem Hollywood der 70er sorgte. Und dann liefen dort noch Typen wie die *Village People* herum. Das Bild sollte verspielt und chaotisch wirken. Es ist uns sogar gelungen, ein Pferd in den Raum zu bringen, und auch einer der berühmten *Compton Cowboys* war gern auf dem Foto dabei. Eigentlich ist das Foto ein Kind des Zufalls. Ich hatte einfach Glück, dass ich diesen interessanten Friseurladen gefunden hatte. Aber wenn ich meinem Instinkt nicht vertraut hätte und meinem Gefühl nicht gefolgt wäre, dann wäre dieses Foto nie zustande gekommen.

Ich versuche immer, etwas Besonders zu machen. Einer meiner Lieblingsorte ist das Monument Valley in Arizona/Utah mit seiner spektakulären Landschaft. Das Problem: Diese Landschaft wurde schon Millionen Mal fotografiert. Eines Tages lief ich durch Los Angeles und überlegte, wie ich in diesem Nationalpark ein besonderes Foto aufnehmen könnte. Zufällig sah ich in einem Schaufenster eine DVD von *Thelma und Louise* von Ridley Scott. Und plötzlich kam mir die Idee: »Na klar, ich fotografiere das Monument Valley durch eine Autoscheibe.« Ich lenke die Aufmerksamkeit des Betrachters auf ein Element im Vordergrund – eine Person, die in einem Auto auf die Kamera zufährt – und im Hintergrund ist die umwerfende Hügelkette zu sehen. So kam mein Foto *Road Trip* zustande.

Einmal angedacht, war die Idee leicht umzusetzen. Das Wetter ist im Monument Valley recht konstant und der Himmel meist wolkenlos. Ich musste also nur noch mein Motiv (das Model Josie Canseco und einen Wolf) hinbringen und überlegen, welches Objektiv ich verwenden wollte. Ich entschied mich für 58 mm, denn damit konnte ich sowohl den Vordergrund im Detail als auch die Schönheit der Straße erfassen. Mein Tipp: Wenn in Ihrem Kopf eine Idee aufblitzt, reagieren Sie!

**Gegenüber, oben:** *Road Trip*, Utah, USA, 2018
**Gegenüber, unten:** *The Break Up*, Utah, USA, 2018

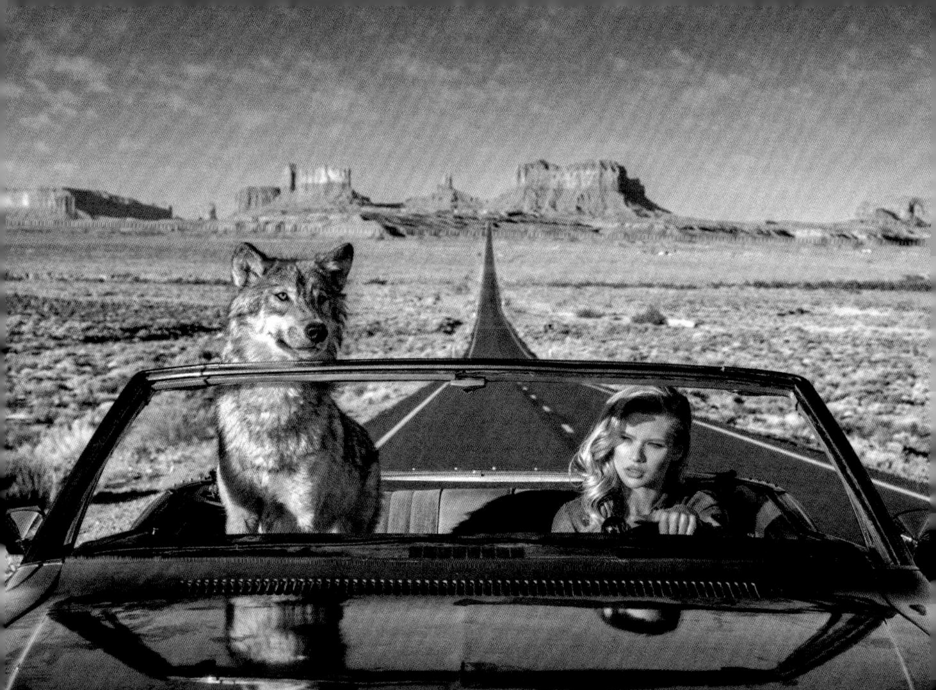

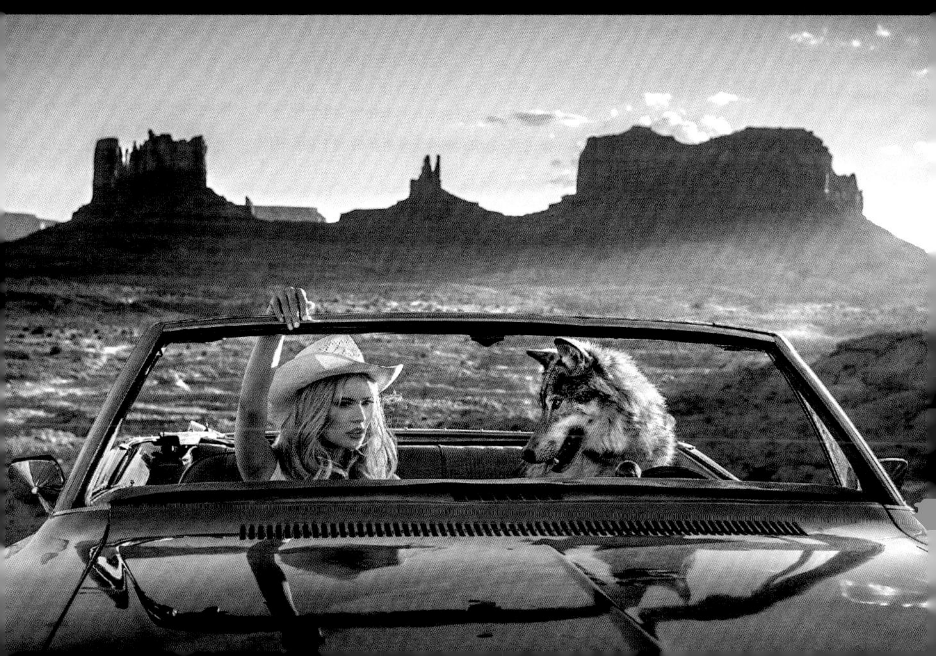

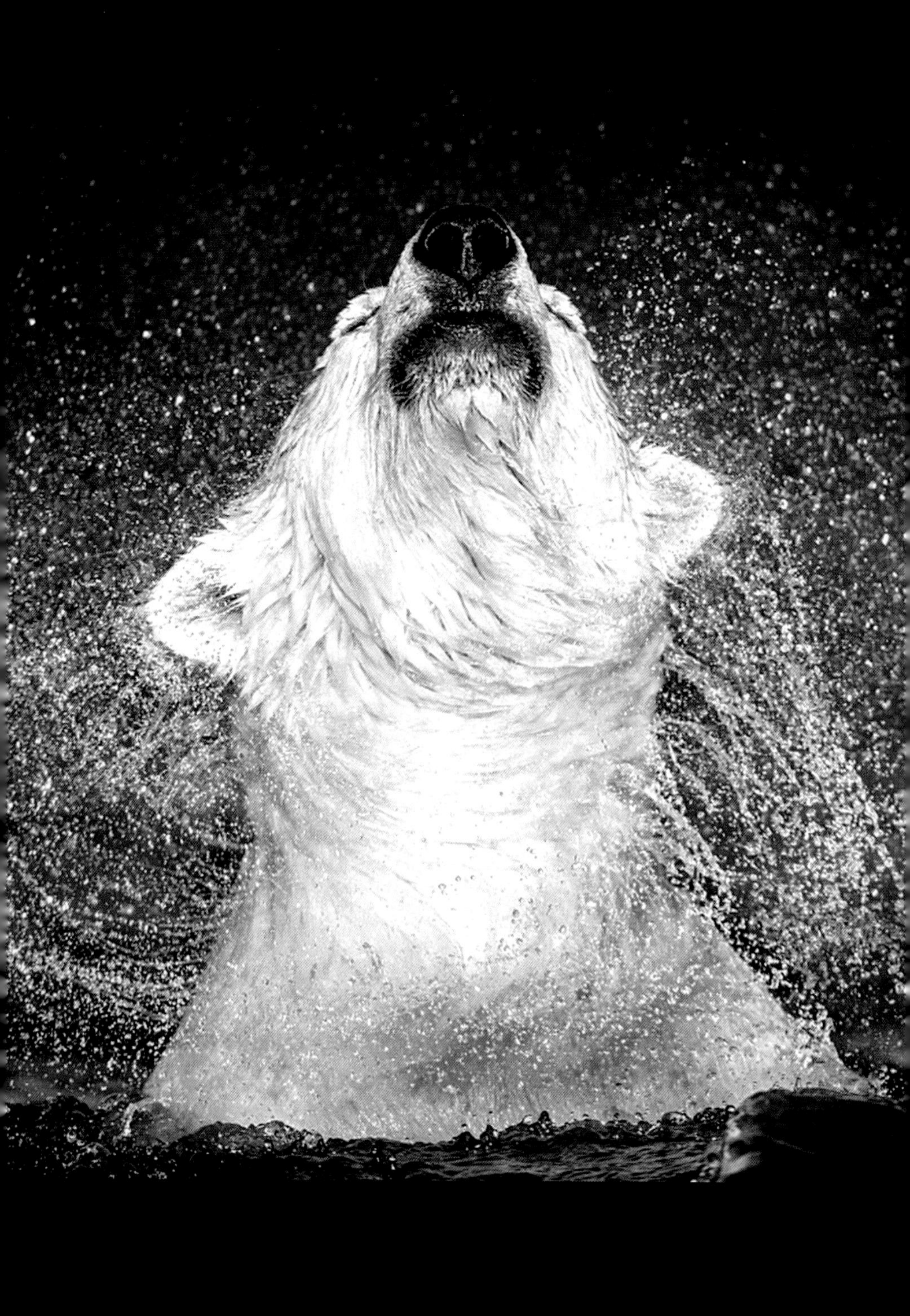

14

# Irgendwas geht immer

## *Seien Sie geduldig und beharrlich*

Der Tag ist erst zu Ende, wenn alles fertig ist. Es gibt immer noch eine Möglichkeit für ein Foto: mit einem Fernauslöser, in einem Käfig oder einfach, indem man irgendwo sitzt und wartet. Sagen Sie nie, Sie konnten nicht fotografieren. Geht nicht, gibt es nicht - Sie müssen nur eine Lösung oder einen Umweg finden. Einige Tiere mögen es nicht, wenn man ihnen zu nah kommt, aber es ist nicht unmöglich. Ich war zum Beispiel einem Eisbären sehr nahe. Es kostet viel Zeit, einen Ort zu finden, an dem Sie nicht verhaftet oder getötet werden, weil Sie sich Ihrem Motiv zu sehr nähern. Grundsätzlich liegt es aber im Bereich des Möglichen.

Aus meiner Erfahrung kann ich sagen, dass Sie sehr geduldig sein müssen. Wenn Sie immer und immer wieder zu einer Stelle zurückkommen, führt das irgendwann zu Erfolg. Ich war schätzungsweise 20 Mal in Montana und habe mich nie gelangweilt. Ich fuhr immer wieder hin, nicht, weil ich es so mag, sondern weil ich es gut kenne. Und genau deshalb habe ich bessere Chancen, ein Foto zu machen, über das man in meiner Heimat berichten wird. Vertrautheit mit den Örtlichkeiten und gute Kenntnisse der Bedingungen sind beim Fotografieren sehr hilfreich.

Geben Sie niemals auf. Beharrlichkeit ist eine wichtige Eigenschaft eines Fotografen. Denn der Durchbruch kommt meist in dem Moment, in dem man am liebsten aufgeben möchte -, dann klappt auf einmal alles. Das Foto *Jaws*, das ich 2011 in Südafrika

**Gegenüber:** *Diamonds in the Sky*, Alaska, USA, 2018 (Detail)

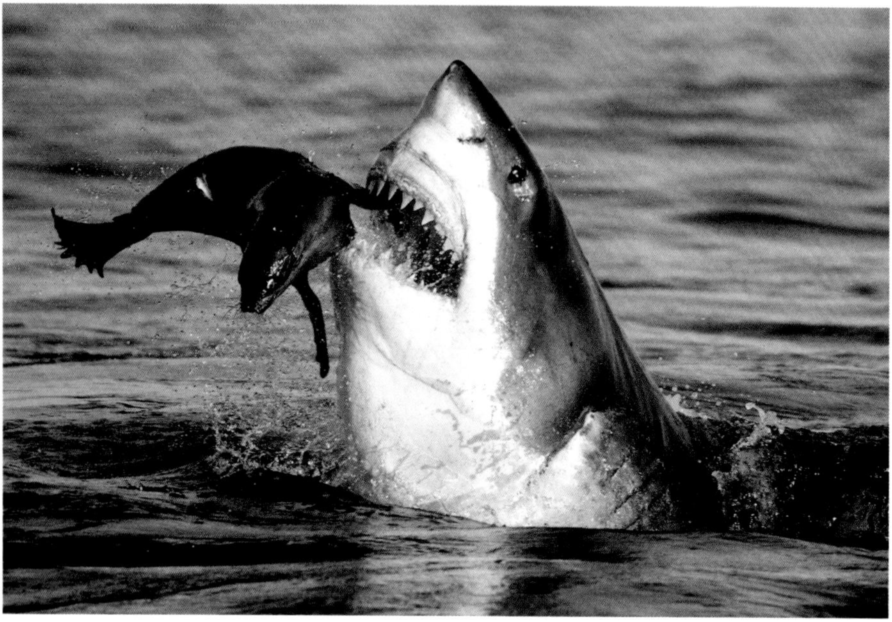

aufgenommen habe, hat mir viel abverlangt. 28 Stunden lag ich in False Bay in der Nähe von Kapstadt auf einem Bootsdeck und wartete darauf, dass ein Hai auftaucht –, ohne Erfolg. Doch plötzlich stieß ein großer weißer Hai durch die Wasseroberfläche und schnappte nach einer Südafrikanischen Pelzrobbe – ich hatte das Foto, auf das ich so lange gehofft hatte. Geduld ist die Grundvoraussetzung für Fotografen.

Meine besten Fotos von Braunbären weisen einige Gemeinsamkeiten auf. So wurden alle Bilder im Verlauf von vier Jahren auf den gleichen 100 Quadratmetern im Moraine Creek, Alaska, aufgenommen. Ich möchte das unbedingt erwähnen, weil wir Fotografen von zwei Übeln immer das auswählen, was wir schon kennen. Ich weiß genau, wie ich an den Ort gelange, ich kenne die Bedingungen, ich weiß, welches Objektiv ich wählen muss, und vor allem: Ich weiß, wie sich der Bär verhält.

Bei meinem ersten Besuch am Moraine Creek hatte ich Angst, ich werde gefressen. Aber als ich lernte, wie sich der Bär verhält und wo ich meine Kamera und den Fernauslöser hinstellen muss, fühlte ich mich zunehmend wohler. Auch in den Sommermonaten



**Oben:** *Jaws*, False Bay, Südafrika, 2011

kann es dort ziemlich kalt werden, aber ich wusste, wie ich mich darauf vorbereiten muss. Außerdem hatte ich gelernt, dass ich nicht zu viel Ausrüstung mitbringen darf, weil ich häufig durch Flüsse und über unwegsames Gelände gehen musste.

Mein bestes Bärenfoto heißt *Funnel Creek* und ist nach dem Ort der Aufnahme benannt. Funnel Creek liegt auf der Halbinsel Alaska, und hier ist die wirkliche Wildnis. 2016 hatte ich seit vier Jahren Bären beobachtet. Mit diesem Foto wollte ich eines jener Bilder machen, für die man mich kennt: aus der Ferne aufgenommenes Weitwinkelfoto eines Bären am Flussufer. Ich musste dem Bären ganz nah kommen. Die Kamera und den Fernauslöser stellte ich

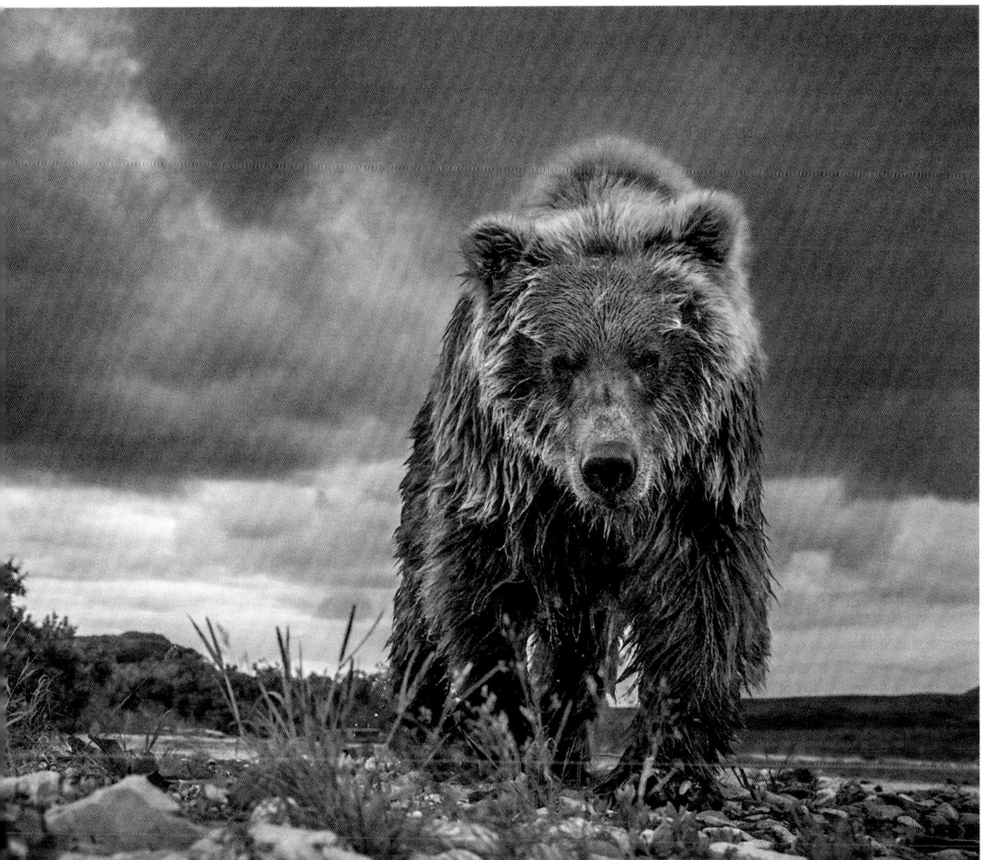

**Oben:** *Funnel Creek*, Alaska, USA, 2016

etwa 6 Meter vom Bären entfernt auf und wartete dann über eine Stunde. Plötzlich geschah es: Innerhalb weniger Sekunden hatte ich ein Foto – das Bild eines Bären, aufgenommen aus niedrigem Blickwinkel mitten in einer schroffen Landschaft unter einem dramatischen Himmel.

Mein Lieblingsbärenfoto ist aber *The Fisher King*. Die Schultern des Bären sind unglaublich kraftvoll; er sieht gewaltig und entschlossen aus. Man erkennt gut, wie groß er ist, weil man vom Boden nach oben schaut. Auch der Himmel ist interessant. Für diese Fotos war Geduld das A und O. Das gilt nicht nur für den Tag der Aufnahme, sondern für die jahrelange harte Arbeit und für all die Fotos, die nichts geworden sind.

2018 habe ich in Alaska aus einem Boot ein Foto von einem schwimmenden Eisbären gemacht. Er tauchte auf, um Luft zu holen, und schüttelte seinen Kopf, das Wasser spritzte um ihn herum. Das Foto ist symmetrisch und wunderschön beleuchtet – an diesem Tag war es sehr hell. Ich habe es *Diamonds in the Sky* genannt. Das ist wohl das beste Foto, das ich je von einem schwimmenden Eisbären aufgenommen habe.

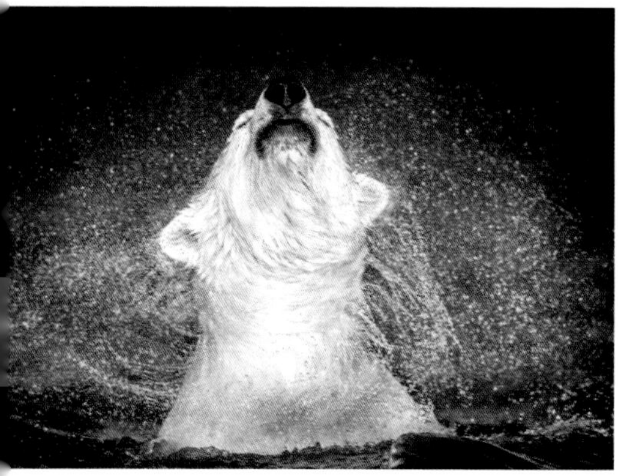

Für diese Aufnahme habe ich – entgegen meiner Gewohnheit und Vorliebe – ein Zoomobjektiv verwendet, aber ein Fernauslöser ist auf dem Wasser nicht wirklich sinnvoll. Ich erzähle Ihnen von diesem Foto, weil ich dafür wirklich hart arbeiten musste, aber nie aufgegeben habe. Es ist nicht leicht, von einem Boot aus eine Zoom-Aufnahme zu machen, denn es schaukelt ständig. Aber es war sonnig und so konnte ich mit 1/4000 Sekunde aus der Hand fotografieren.

Egal, ob ich ein Tier in der Wildnis fotografiere oder ein Bild inszeniere: Ich weiß, dass ich durchhalten muss, um irgendwann mein Ziel zu erreichen. Aber selbst wenn der Weg steinig ist, nähere ich mich meinem Ziel und werde immer besser.



**Oben:** *Diamonds in the Sky*, Alaska, USA, 2018

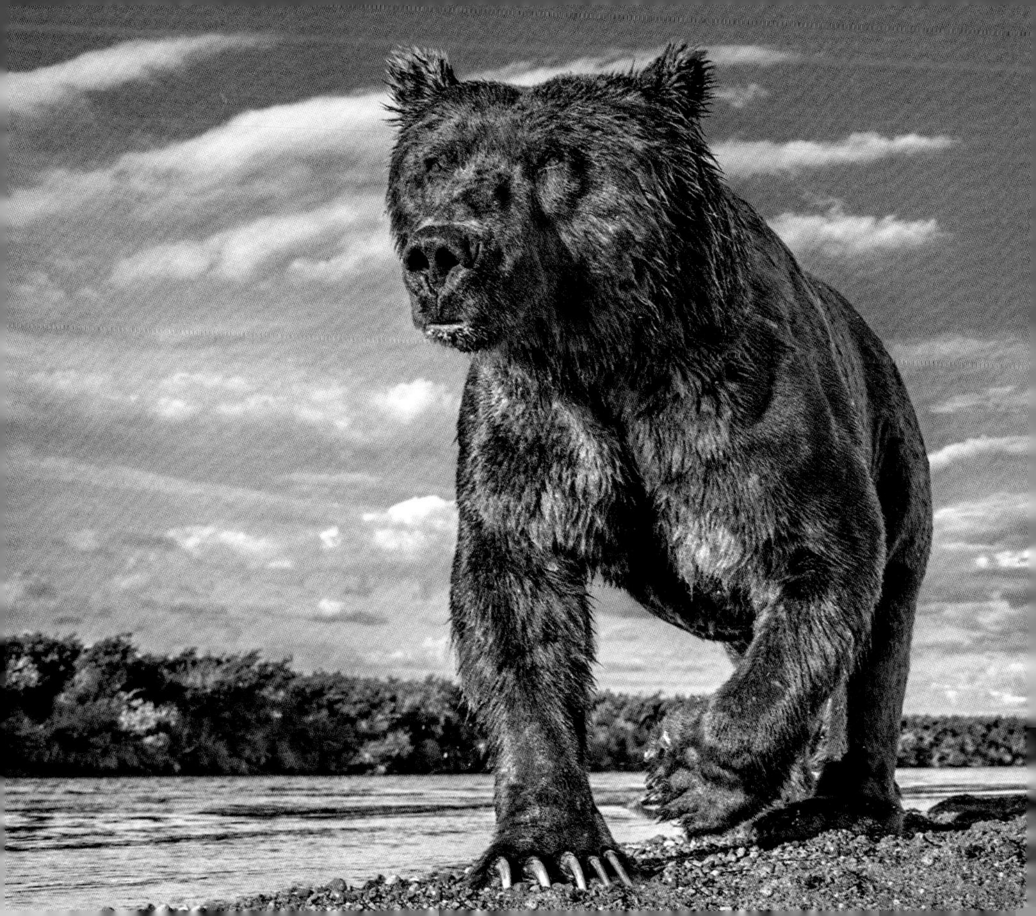

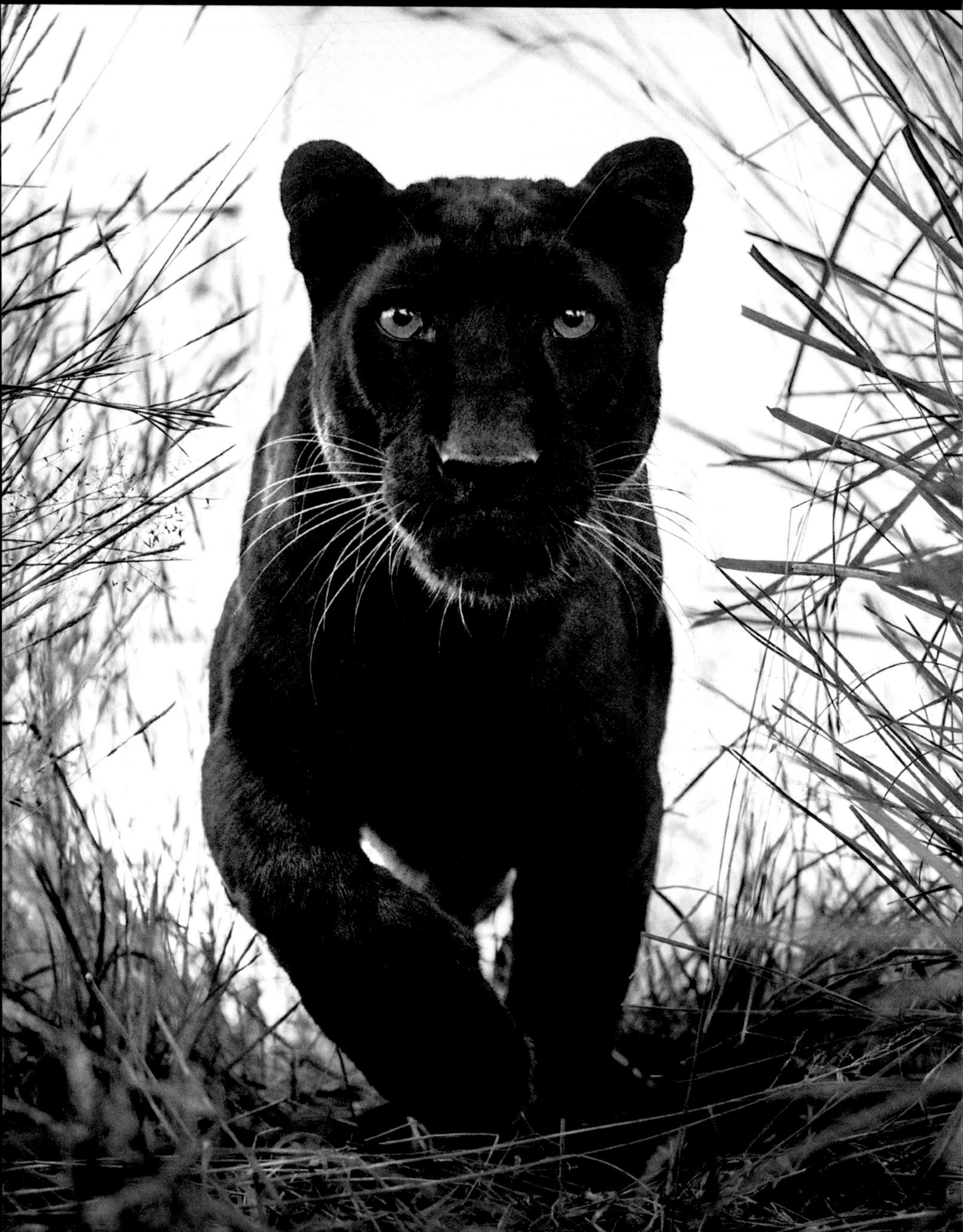

15

# Aus Fehlern lernen

## *Scheitern als Sprungbrett auf dem Weg zum Erfolg*

Ich habe kein Problem mit Misserfolgen. Es ist mir egal, wenn ich nicht DAS Foto bekomme, solange ich mein Bestes gegeben habe. Keinesfalls möchte ich auf Nummer sicher gehen, nur um dann etwas in der Hand zu haben. Ich setze lieber auf Risiko, kämpfe um das Bild, als dass ich ein »Sicherheitsfoto« erzeuge. Sie müssen mutig sein und sich sagen: »Ich weiß, dass ich das Foto bekommen kann. Aber langweilige Bilder gibt es Tausende. Mal schauen, was sonst noch möglich ist.«

Stellen Sie sich dazu als Metapher einen Eisberg vor. Ein Zehntel davon ist sichtbar, der Rest befindet sich unter Wasser. Der Teil über der Wasseroberfläche steht für den Erfolg und die anderen neun Zehntel stehen für Dinge wie Beharrlichkeit und harte Arbeit. Aber der größte Teil unter Wasser steht für Misserfolg oder Ihre Fähigkeit, Fehlern die Stirn zu bieten und wieder neu zu beginnen. Nur durch Fehler lernen wir und kommen zum Erfolg. Natürlich weiß das jeder, aber es ist leichter gesagt als getan.

Ich habe jede Menge schlechte Fotos geliefert – und das ist keine falsche Bescheidenheit! Darauf bin ich ziemlich stolz, weil ich immerhin viele Fotos gemacht habe, und das ist gut. Wie wollen Sie ein guter Fotograf werden, wenn Sie nicht viele Fotos aufnehmen? Das funktioniert nicht. Das ist eine ganz einfache Weisheit. Aber sie zeigt, dass Sie bereit sein müssen, aus Ihren Fehlern zu lernen. Und zwar nicht nur aus großen Fehlern, sondern auch aus all den Kleinigkeiten, die noch nicht ganz passen.

**Gegenüber:** *Black Panther*, Südafrika, 2018 (Detail)

Lernen Sie aus dem, was gut funktioniert hat, aber lernen Sie vor allem aus dem, was Sie falsch gemacht haben. Und lassen Sie Ihre Erfahrungen auf jeden Fall in Ihre nächsten Fotos einfließen. Fehler sind schließlich nur eine Gelegenheit, sich zu verbessern. Kürzlich habe ich bei einer Aufnahme einige gemacht und dabei gedacht: »Das gibt es doch nicht: Ich bin jetzt 54 Jahre und mache immer noch so viel falsch.« Aber das ist kein Grund, sich zu schämen.

Vielleicht kennen Sie das berühmte Zitat von Thomas Edison, der bei der Erfindung der Glühbirne sagte: »Ich habe nicht versagt, ich habe lediglich 10.000 Wege gefunden, die nicht funktionieren.« Eine recht aufmunternde Sichtweise. Bei meinen ersten Aufnahmen von Grizzly- und Eisbären habe ich 100 Wege kennengelernt, wie man diese Tiere nicht fotografiert. Aber aus diesen »Fehlern« sind einige Erfolge geboren.

Für das Foto *The American Idol* (siehe Kapitel 10), das im Yellowstone-Nationalpark entstanden ist, gab es einige Fehlaufnahmen. Bestimmt zehnmal hatte ich meine Kamera und den Fernauslöser falsch positioniert, bevor ich die optimale Position gefunden hatte. Am Nachmittag des dritten Tages – ich war schon ziemlich frustriert und hatte ordentlich schlechte Laune – fügte sich alles zusammen. Grund dafür waren sicher meine Ausdauer und Beharrlichkeit. Aber mit jedem Mal, bei dem ich etwas falschgemacht hatte, kam ich der richtigen Lösung einen Schritt näher.

Für das Pferdefoto aus Vik, Island, (siehe Kapitel 9) habe ich zunächst vier Pferde ins Bild genommen. Aber aus dem Bild wurde nichts, denn es hatte zu viele Spannungspunkte und sah damit einfach nicht »richtig« aus. Das Bein eines Pferdes kreuzte zum Beispiel das Bein eines anderen, damit wurde das Bild unruhig und unordentlich.

Und nun kommen wir wieder zu dem Motto »weniger ist mehr«. Letztendlich fotografierte ich nur ein weißes Pferd – und das Foto war perfekt. Denken Sie nicht zu kompliziert und lernen Sie aus dem, was nicht nach Plan verläuft. Seien Sie bereit, Fehler zu begehen, und machen Sie danach einfach zuversichtlich weiter. Seien Sie selbstbewusst und sagen Sie sich, dass es vielleicht – ganz vielleicht – beim nächsten Mal funktioniert.



**Gegenüber:** *The Untouchables*, Amboseli-Nationalpark, Kenia, 2017

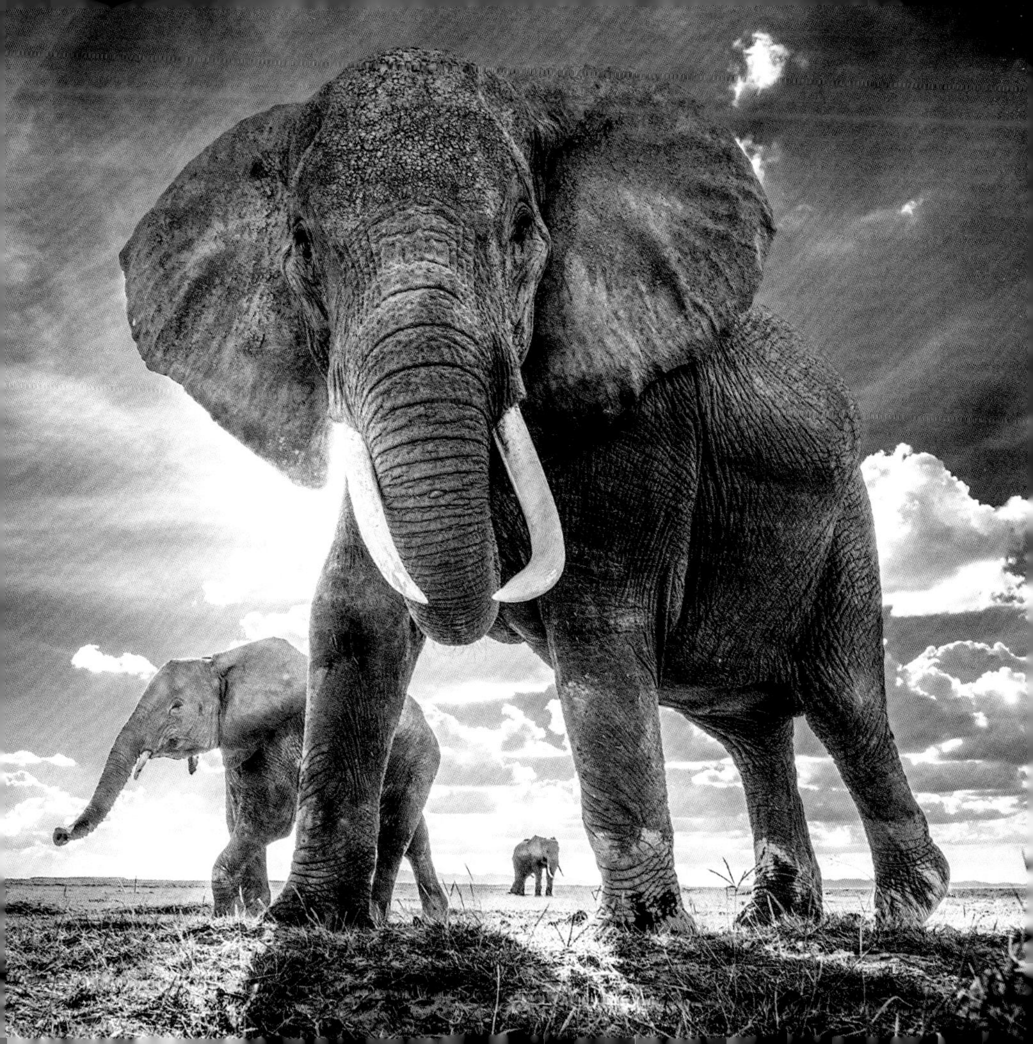

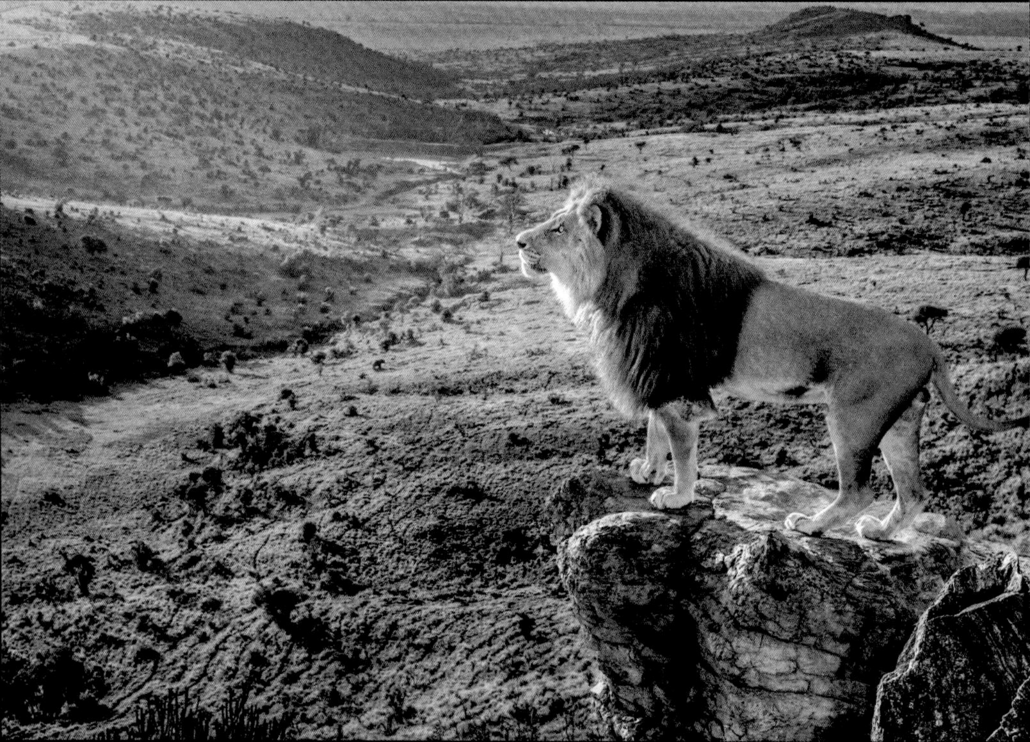

16

# Arbeiten im Team

## *Zusammenarbeit bringt Erfolg*

Der schwierigste und komplexeste Teil einer Fotoaufnahme ist die Zeit, bis ich endlich den Auslöser drücken kann. Natürlich kostet es viel Engagement und Mühe, alles einzurichten und vorzubereiten. Aber in meiner beruflichen Laufbahn konnte ich mich meistens auf andere Menschen verlassen, die mir geholfen haben - sei es beim Umgang mit Tieren für ein inszeniertes Shooting oder beim Zugang zu schwer erreichbaren Orten. Ich arbeite gern mit anderen.

Kevin Richardson, der »Löwenflüsterer«, ist ein international bekannter Tierverhaltensforscher, der in Südafrika das Reservat »Kevin Richardson Wildlife Sanctuary« betreibt. Ich habe bereits mehrfach mit ihm gearbeitet und bewundere seine Fähigkeit im Umgang mit Löwen. Auch bei den Aufnahmen zur »TAG Heuer«-Kampagne mit Cara Delevingne im Jahr 2019 war Kevin maßgeblich daran beteiligt, dass das Foto *Pride Rock* entstehen konnte. Für dieses Bild haben wir in Südafrika den berühmten Pride Rock aus Kenia nachgebaut, der auch im Film *Der König der Löwen* vorkommt. Wir arbeiteten mit einem Löwen, dem Kevin zutraute, auf den »falschen« Pride Rock zu steigen. Später habe ich dieses Foto dann gemeinsam mit einem Team von Postproduction-Experten in das Bild des echten Pride Rock eingefügt. Mir ging es darum, ein Kunstwerk zu erschaffen. Und da es in der Kunst meiner Meinung nach mehr Spielraum für Interpretation gibt, war das für mich okay. (Wäre ich ein Fotograf für *National Geographic*, dann wäre das natürlich nicht in Ordnung.)

**Gegenüber:** *Pride Rock*, Kenia/Südafrika, 2019

Wir brauchten immerhin zwei Tage für die Aufnahme im Naturschutzgebiet, aber es hat geklappt – und zwar dank der tollen Teamarbeit. Ich danke Kevin und seinem Team, den Menschen, die den Felsen nachgebaut haben, natürlich dem Löwen und unserem Team in Los Angeles, das die Nachbereitung übernommen hat. Ich sollte auch noch erwähnen, dass die Idee, einen Löwen auf einem Felsen zu fotografieren, von meinem Kollegen Alex stammt. Ohne Alex wäre dieses Foto also nie entstanden!

In Grönland habe ich mit dem dänischen Fotografen Carsten Egevang zusammengearbeitet, der gute Beziehungen zur dortigen Inuit-Gemeinde pflegte. Es ist unmöglich, diese Gemeinde zu besuchen und mit der Tür ins Haus zu fallen. Carsten hatte die Inuit dreimal besucht und kannte die Jäger recht gut. So konnte er auch mir helfen, einen engen Kontakt zu ihnen aufzubauen. Die Beziehung zu den menschlichen Motiven ist extrem wichtig für einen Fotografen. Ohne Carstens Hilfe hätte ich daher nie diese vertrauten Bilder bekommen.

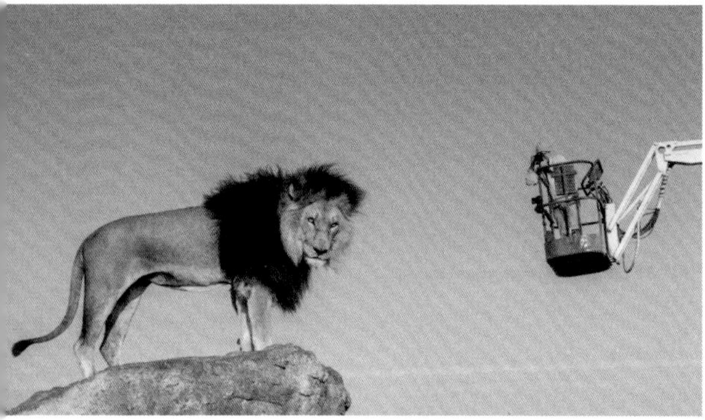

Sie müssen ohnehin immer sehr sensibel mit den Menschen umgehen, die Sie fotografieren, egal, ob sie einer Inuit-Gemeinde oder anderen Gemeinschaften entstammen. Für mich ist das eine Selbstverständlichkeit, die Grundlage guter Arbeit. Denn wenn Sie sich keine Zeit nehmen, um Ihr Motiv und die Eigenheiten jeder Gemeinschaft kennenzulernen, werden Sie niemals authentische Fotos mit emotionaler Schlagkraft aufnehmen können.

Arbeiten Sie mit Menschen zusammen, die die Gegend kennen, und unterschätzen Sie nie, wie wichtig Ortskenntnisse sind. Auch ist es hilfreich, freundlich zu sein und auf die Menschen zuzugehen. In Kapitel 8 erzählte ich von zwei Bildern, die ich in einer Bar im Saloonstil des Wilden Westens in Virginia City aufgenommen habe: *The Wolf of Main Street* und *The Usual Suspects*. Diese Fotos sind mir nur gelungen, weil ich mich

**Oben**: Bei der Aufnahme des Löwen für *Pride Rock*, Südafrika, 2019
**Gegenüber**: *Lion King*, Dinokeng, Südafrika, 2014

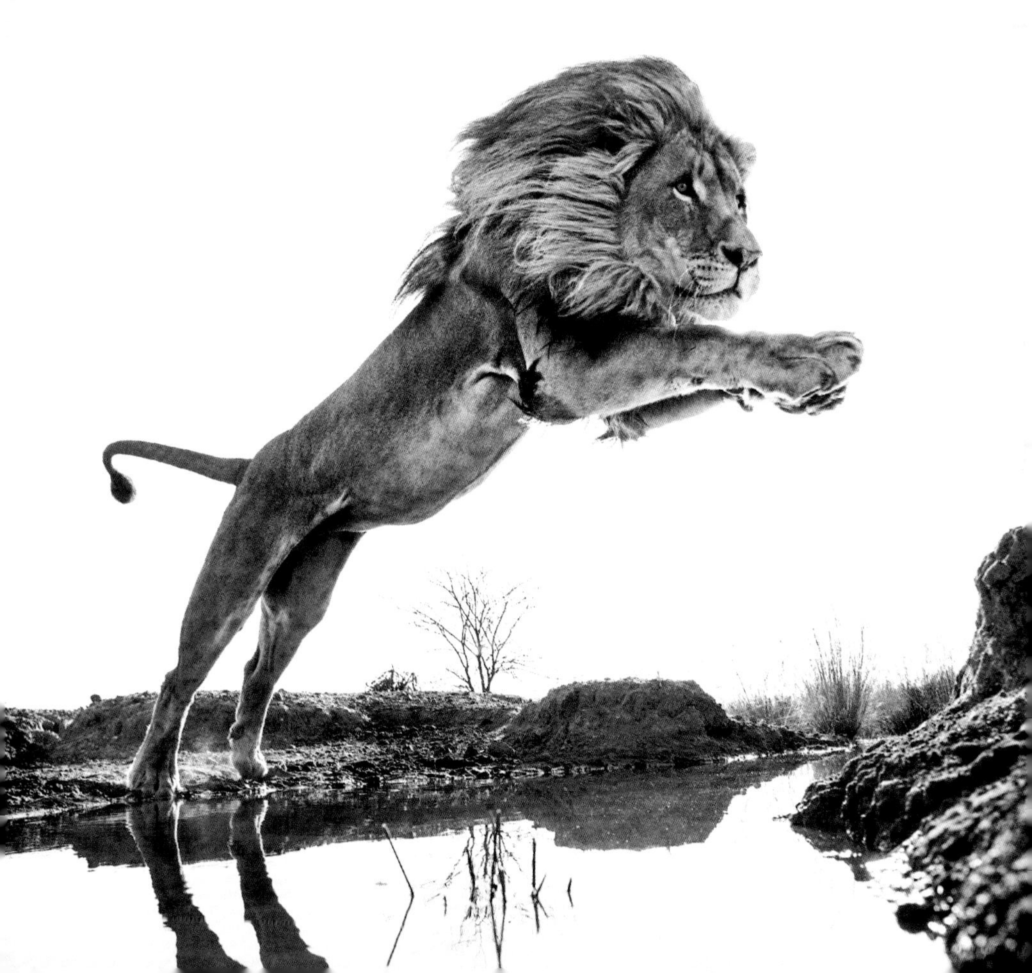

eines Tages mit dem Eigentümer der Bar unterhielt und wir uns angefreundet haben. Die Bar hatte es mir wirklich angetan, und ich wusste, dass sie der perfekte Ort für ein Shooting ist. Daher fragte ich den Eigentümer, Thomas Rosenthal: »Rozy, siehst du eine Möglichkeit, einen Wolf hier hereinzubringen?« Er antwortete: »Hier kommen ständig Wölfe her. Bring deinen einfach mit.« Fast jeder in der Gegend kennt Rozy. Ein toller Typ, der mir viele Jahre lang enorm viel geholfen hat.

»Zugang« ist ein wichtiges Wort für Fotografen. Es beschreibt die Fähigkeit, die richtige Position für die Fotoaufnahme zu finden. Häufig fragen die Leute: »Wie um alles in der Welt hast du dieses Foto gemacht?« Und eigentlich meinen sie: »Wie bist du in die Position gekommen, aus der du dieses Foto aufnehmen konntest?« In diese Frage investieren mein Team und ich unglaublich viel Zeit.

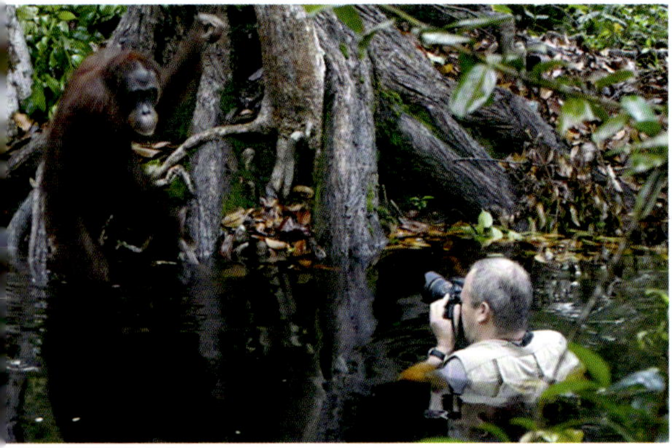

Letztendlich geht es immer um Vorbereitung (siehe Kapitel 4), Netzwerke und Kontakte zu Menschen. Ein Großteil unseres Jobs als Fotografen besteht darin, ein geselliger Menschen zu sein. Das macht es auch einfacher, Helfer ausfindig zu machen. In der Regel kostet es nur ein oder zwei Telefonate, um jemanden zu finden, der Ihnen helfen kann. Aber ob diese Person das auch gerne tut, hängt von Ihrem Verhalten ab.

Da gibt es einen Ranger im Amboseli-Nationalpark in Kenia, der mir half, die seltenen großen Elefantenbullen zu finden, oder den Fotografen Tom Murphy, der jede Ecke des gigantischen Yellowstone-Parks kennt und weiß, wie sich Bisons in der Kälte verhalten. Oder meinen Führer in Tanjung Puting (einem riesigen Ökosystem in Südborneo, einem der besten Orte, um Orang-Utans zu beobachten), der genau weiß, wo die Orang-Utans zu finden sind. Ich bemühe mich immer, mit den besten Menschen zusammenzuarbeiten, die ich finden kann.

**Oben:** David fotografiert Orang-Utans in Borneo, 2018
**Gegenüber** : *The House of Orange*, Borneo, 2018

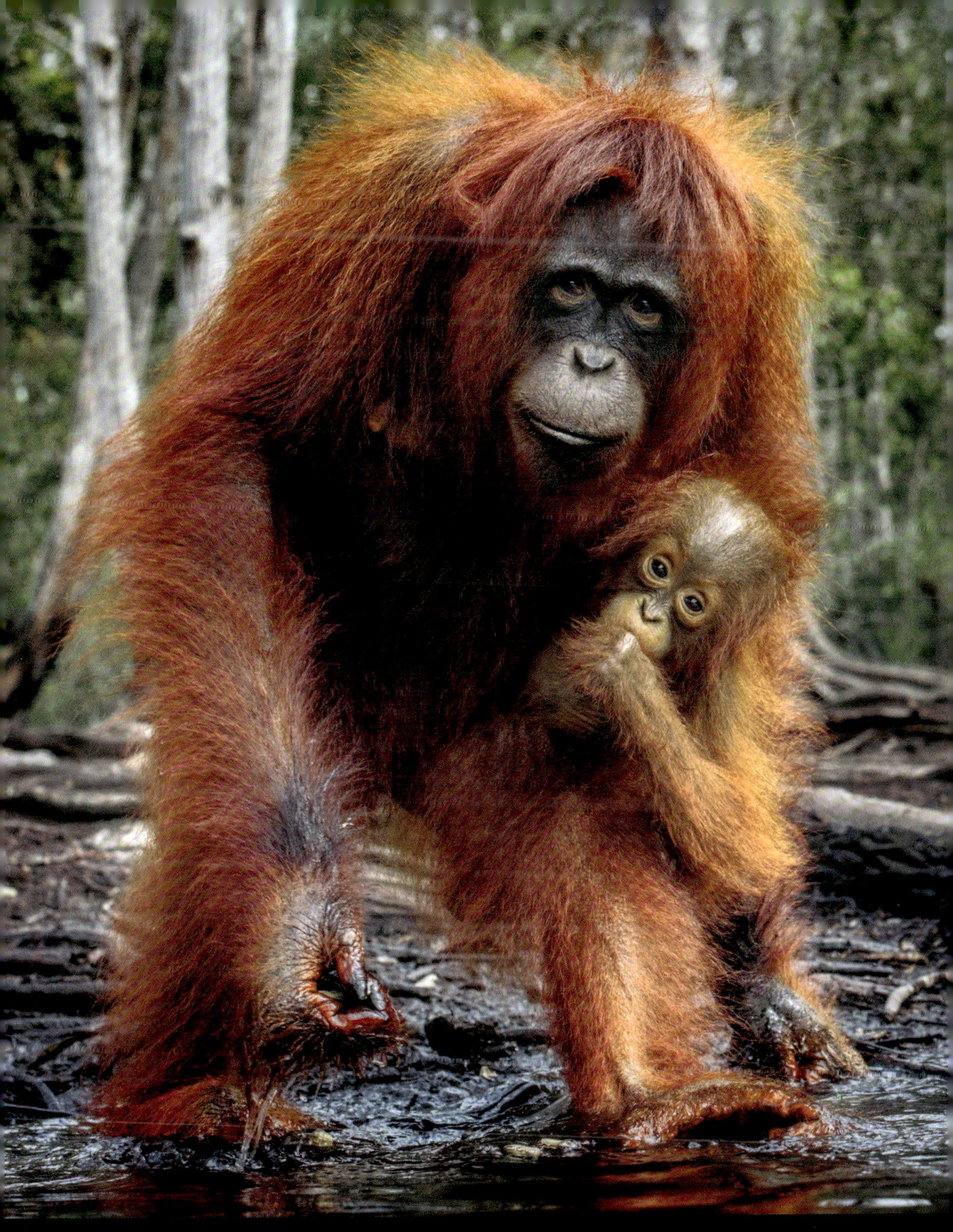

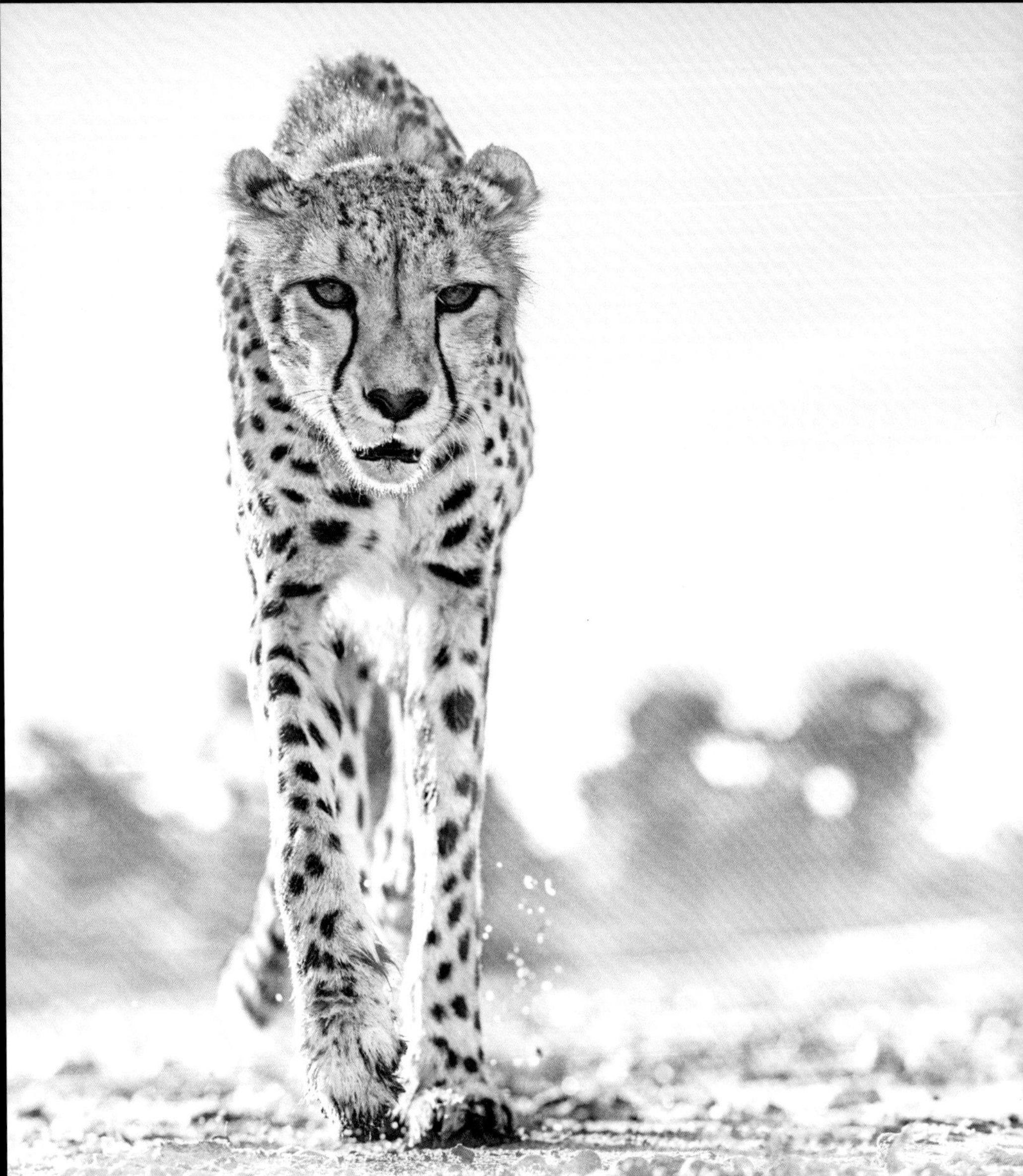

17

# Nur das Beste ist gut genug

### *Seien Sie Ihr schärfster Kritiker*

Ich lasse mir selbst nichts durchgehen. Es ist wichtig, streng mit sich selbst zu sein und seine eigenen Fotos kritisch zu bewerten. Sind Sie hart zu sich selbst? Könnten Sie Ihre Fotos vielleicht noch ein bisschen strenger bewerten? Nicht nur während der Fotoaufnahmen, sondern auch in der Nachbearbeitung sollten Sie sehr anspruchsvoll sein. Welche Fotos braucht die Welt wirklich? Die Latte hierfür liegt ziemlich hoch. Es gibt bereits viel zu viele Bilder. Noch mehr mittelmäßige Bilder braucht daher niemand.

Müssen Sie wirklich all die vielen Fotos Ihrer Wanderung über den klassischen Inka-Pfad zum Machu Picchu in Peru auf Ihre Website oder Instagram stellen? Ist jedes Foto so interessant, dass es gezeigt werden muss? Ehrlich: Ich habe da meine Zweifel.

Viele Fotografen machen den Fehler, ihre Website oder Instagram als Müllhalde für ihre Fotos zu missbrauchen. Werfen Sie nicht einfach alles ins Internet, was Sie fotografiert haben. Entscheiden Sie sich stattdessen nur für Ihre stärksten Fotos. Wenn ich pro Jahr vier Bilder schaffe, die ich der Welt mit Stolz präsentiere, dann bin ich ein glücklicher Mann. Ich frage mich bei jedem Foto, ob es gut genug ist. Und das sollten Sie auch tun. Der Inhalt muss richtig spannend sein. Ich möchte Fotos aufnehmen, die die Aufmerksamkeit der Menschen erregen. Das ist wirklich schwer, aber es ist immer der Ausgangspunkt meiner Arbeit.

**Gegenüber:** *Hot Legs*, Namibia, 2019

Es ist immer besser, von einer Reise mit einem einzigen wertvollen Foto zurückzukommen als mit vielen fast-guten Bildern. Auch wenn Sie Ihre Fotos verkaufen möchten, spielt dieser Aspekt eine wichtige Rolle (siehe Kapitel 20). Ich möchte nur meine besten Aufnahmen verkaufen, daher muss ich die fast-guten gar nicht erst zeigen. Weniger muss mehr sein.

»Ich verwendete ein Weitwinkelobjektiv und hielt die Kamera ganz niedrig, um den Betrachter nah an die Tiere heranzubringen.«

Mein Team und ich trennen uns von vielen Bildern, die andere Leute vielleicht für gut halten. Meistens liegt es daran, dass sie einfach nicht emotional genug sind und wahrscheinlich keine starke Reaktion hervorrufen - etwas, das, wie Sie wissen, den Kern meiner Fotografie ausmacht.

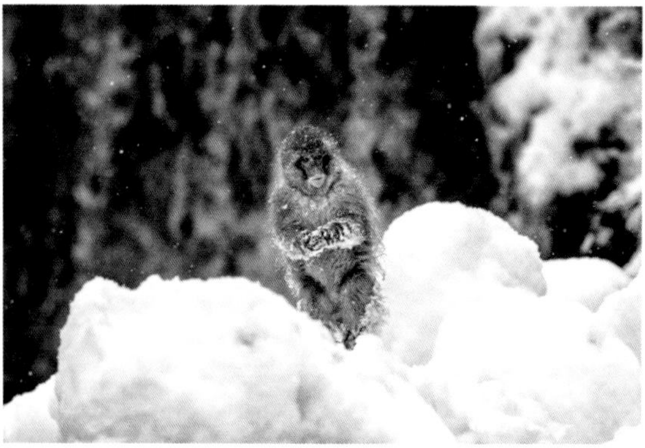

Ich erinnere mich an meinen Aufenthalt in Shibu Onsen, einem kleinen Kurort in den Hügeln nördlich von Nagano auf der größten Insel Japans. Ein hübsches, aus der Zeit gefallenes Dorf, auf dem auch japanische Makaken (Schneeaffen) leben. Man fühlt sich hier wie auf einer Zeitreise 500 Jahre in die Vergangenheit. Es war eine große Ehre, dass ich dort sein durfte. Wir arbeiteten bei leichtem Schneefall – das perfekte Wetter, um Schneeaffen zu fotografieren. Im Winter ziehen sich die Schneeaffen zu den heißen Quellen zurück. Ich verwendete ein Weitwinkelobjektiv und hielt die Kamera ganz niedrig, um den Betrachter nah an die Tiere heranzubringen und ein fast vertrau-

**Oben:** *Shackleton*, Shibu Onsen, Japan 2018
**Gegenüber:** *Grumpy Monkey*, Jigokudani-Affenpark, Japan, 2013

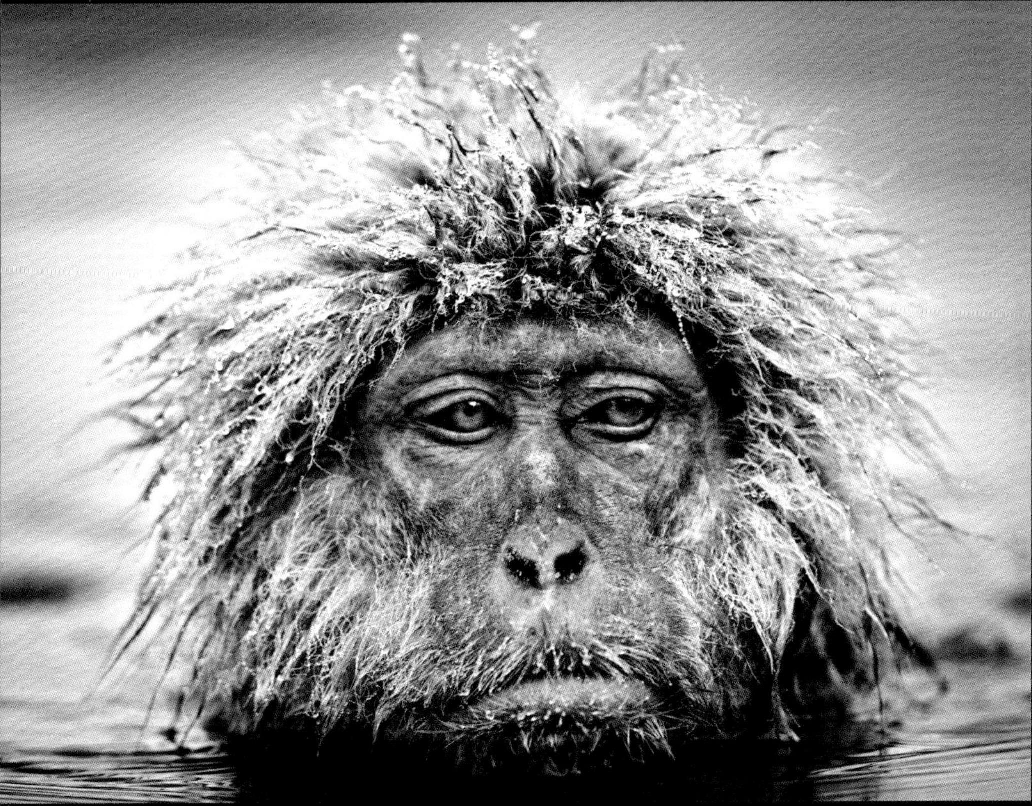

liches Foto zu schießen. Für mich muss es immer »ein bisschen mehr sein«. Ich glaube, von dieser Reise habe ich ein oder zwei Bilder mitgebracht, die – Hand aufs Herz – richtig stark sind.

Der Amboseli-Nationalpark ist einer meiner Lieblingsorte zum Fotografieren. Hier kann ich mehrere Hundert Fotos pro Woche aufnehmen, von denen vielleicht zwei annehmbar sind. Für mich ist das ein gutes Ergebnis. Die Mehrheit meiner Bilder sind zwar bei Fokus und Belichtung in Ordnung und der Inhalt ist anständig. Aber ich verwerfe sie, weil sie nicht das »gewisse Etwas« haben.

Mein Motto »Nur das Beste« gilt auch außerhalb des Studios. Ich weiß, dass ich mir hier widerspreche, denn vorhin habe ich gepredigt, dass Sie nie aufgeben dürfen. Aber es gibt auch Momente, in denen einfach nichts gelingt, egal, wie sehr Sie sich anstrengen. Es gibt Einflüsse, die sich Ihrer Kontrolle entziehen. Die damit verbundenen Misserfolge ignorieren Sie am besten.

Das wurde mir klar, als ich für *Masters of Photography* in Ittoqqortoormiit (früher Scoresbysund) Aufnahmen machte, einem wunderschönen, entlegenen Dorf an der Ostküste Grönlands. Die Gemeinde dort besteht aus etwa einhundert Menschen, die vor allem von der Jagd leben. Wir hatten gehofft, einige Jäger in atemberaubender Landschaft fotografieren zu können. Die Einwohner hießen uns herzlich willkommen und es war uns eine Ehre, diesen Ort zu besuchen. Aber trotz perfekter Vorbereitung waren wir wegen des wechselhaften Wetters und Lichts ziemlich frustriert.

Es dauerte einen Tick zu lange, die Hundeführer und Tiere an den gewünschten Ort zu bringen, und schon war das vorher großartige Licht komplett abgeflacht. Wir waren nur eine halbe Stunde zu spät, aber diese halbe Stunde macht den Unterschied zwischen einem guten Foto und einem, das den Klick des Auslösers nicht wert ist. In Grönland kann sich das Wetter in Sekundenschnelle ändern, das muss man wissen und damit muss man leben.

Die Qualität der Arbeit hängt immer von der Arbeitseinstellung ab. Nachlässigkeit ist für mein Team und mich undenkbar. Was ich damit wohl sagen möchte: Geben Sie immer Ihr Bestes.

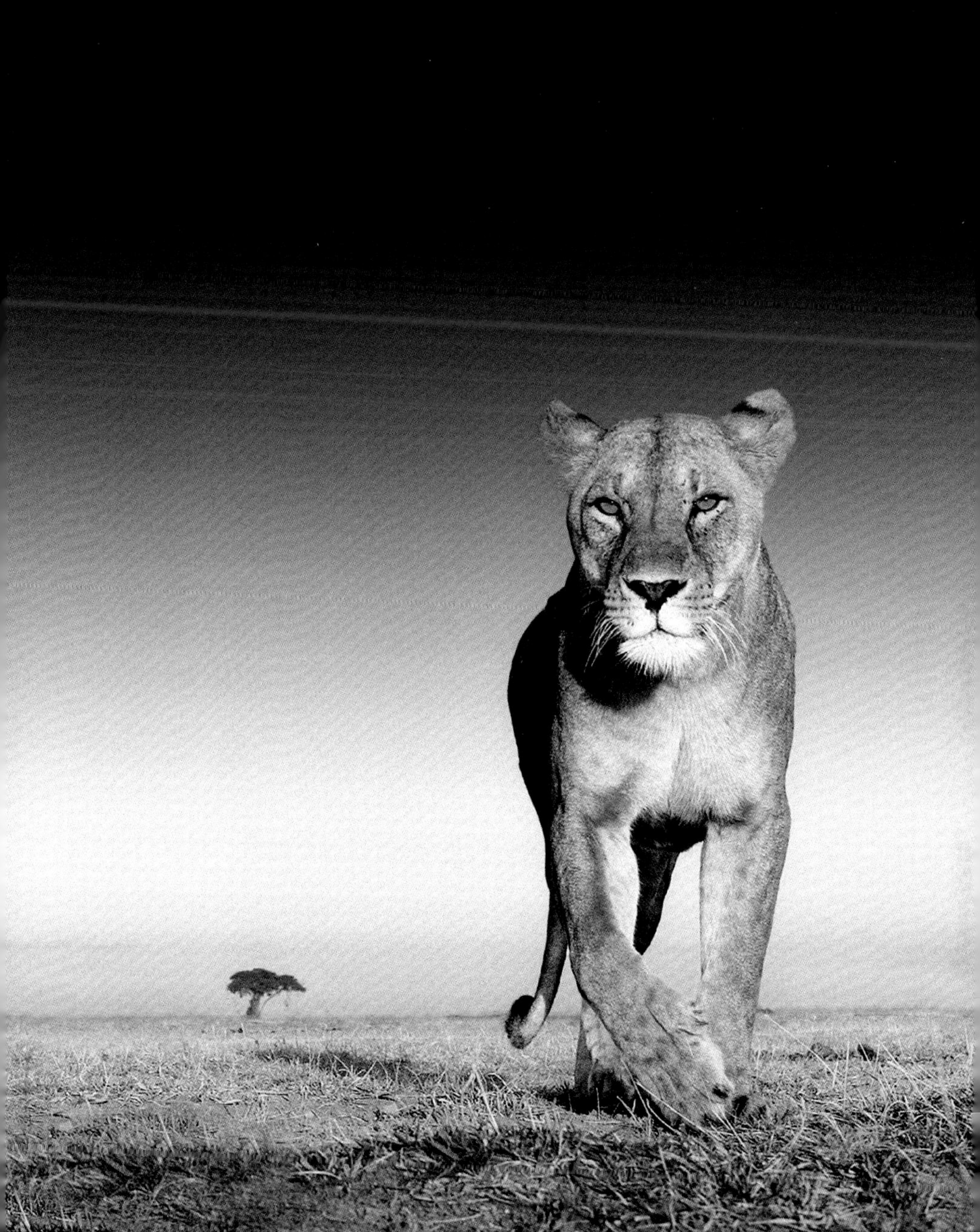

**Oben:** *The Prize*, Amboseli-Nationalpark, Kenia, 2012

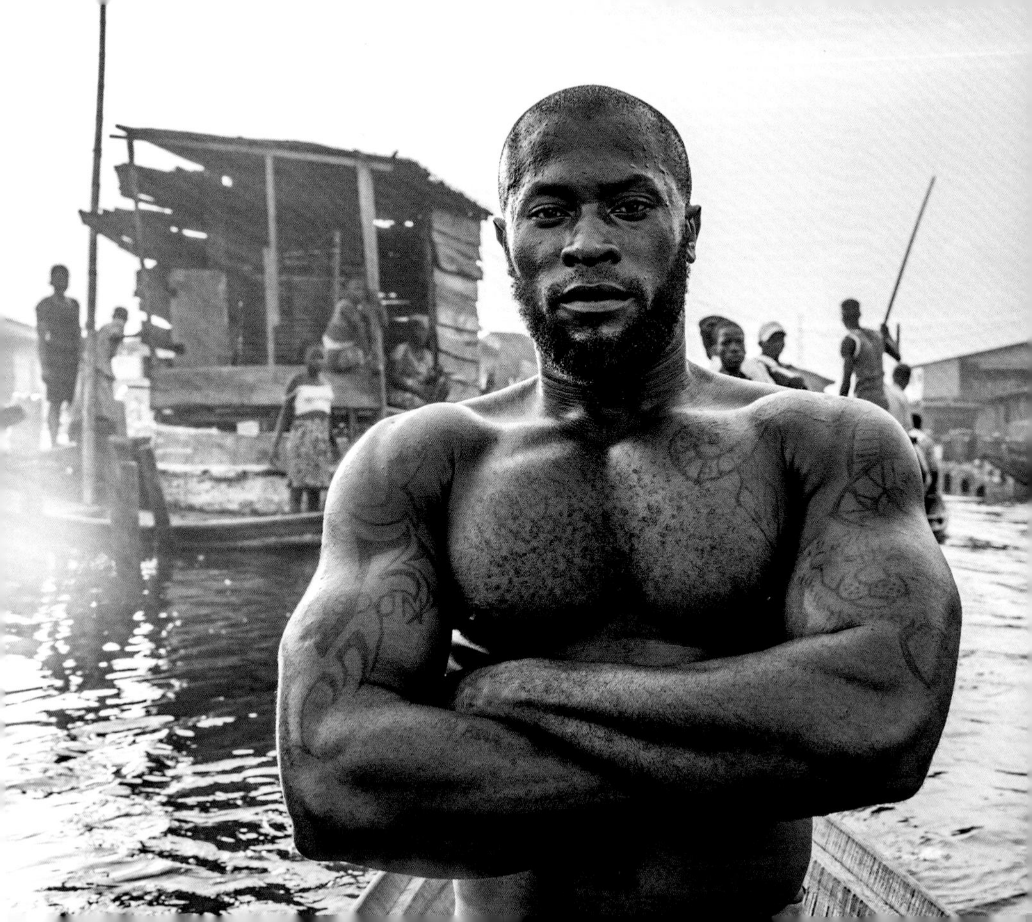

18

# Die Bedeutung von Empathie

## *Respektieren Sie Ihr Motiv und geben Sie etwas zurück*

Fotos aufzunehmen und zu verkaufen ist für mich untrennbar mit Respekt verbunden: Respekt vor den Personen und Tieren, die ich fotografiere, Respekt vor dem Führer oder Ranger, mit dem ich vor Ort arbeite, Respekt vor den Galerien, die meine Werke verkaufen, und Respekt vor den Menschen, die meine Bücher und Drucke kaufen. Das beginnt beim Shooting.

Ich habe schon häufig Mitglieder von eingeborenen Stämmen fotografiert. Dazu musste ich an entlegene Orte reisen, an denen diese Menschen zuhause sind –, nach Alaska, Grönland, Äthiopien und in den Südsudan. Allein in Äthiopien leben mehr als 80 unterschiedliche ethnische Gruppen. Auch war ich zu Gast bei den Himba in Namibia. Die Zeit bei diesen Völkern hat mich demütig gemacht. Das Wichtigste ist aber, diesen Menschen auf Augenhöhe zu begegnen.

Ich werde in alle Ewigkeit dankbar sein für eine Reise in den Südsudan, bei der ich 2015 das Foto *Mankind* auf Seite 26/27 aufgenommen habe. Es zeigt Dinka-Hirten in einer Rinderherde. Diese Reise und dieses Foto haben mein Leben verändert. Wir fuhren weit Richtung Norden in einen recht gefährlichen Teil des Landes. Da ich vorab gut recherchiert hatte, wusste ich ungefähr, was mich erwartet. Die Gegenlicht-Aufnahme wurde am späten Nachmittag gemacht. So konnte ich den Rauch der Feuer einfangen, die die Stammesangehörigen entfacht hatten, um die Mücken zu vertreiben. Die Szene strahlt eine eigenartige Gelassenheit aus.

**Gegenüber:** *I Am King Kong* (unter diesem Spitznamen bekannt), in Makoko/Lagos, Nigeria, 2017

Auch auf das Foto *Easter Sunday* bin ich stolz. Ich habe es an einem Ostersonntag aufgenommen – daher der Name. Es zeigt den Suri-Stamm, der in der Nähe der sudanesischen Grenze an einem sehr rauen, besonderen Ort lebt, der von äußeren Einflüssen unberührt ist. Das Vertrauen und die Kooperation der Stammesangehörigen musste ich mir hart erarbeiten. Vor allem galt es, die Unterstützung des Oberhaupts zu gewinnen. Ich liebe das starke gestalterische Gleichgewicht – in meinen Augen strahlt das Bild Würde und Stolz aus.

Bei indigenen Völkern gehe ich immer davon aus, dass sie nicht fotografiert werden wollen, wenn sie nicht explizit zugestimmt haben. Natürlich ist das eine Frage des guten Benehmens. Aber viele Völker glauben zudem daran, dass durch ein Foto die Seele der fotografierten Person gestohlen wird. Deshalb können die Menschen sehr böse werden, wenn man sie ohne ihre Zustimmung fotografiert. Außerdem wäre das übergriffig und rücksichtslos. Stellen Sie sich einfach diese Situation vor: Jemand kommt zu Ihnen, wartet vor Ihrem Haus, bis Sie die Tür öffnen, und macht dann einfach ein Foto von Ihnen. Sie wären auch nicht begeistert! Im Ort oder Haus anderer Menschen sind Sie immer ein Gast. Für einen Fotografen ist es extrem wichtig, die Dorfbewohner kennenzulernen und ihnen näher zu kommen, um ihr Vertrauen und ihren Respekt zu gewinnen.

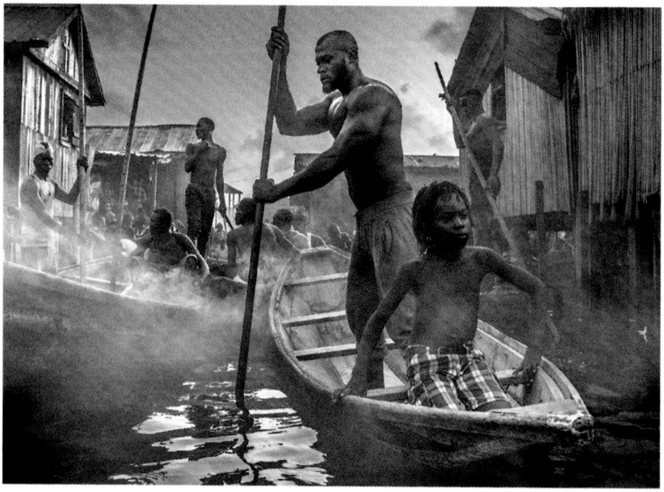



**Oben:** *A Ship Called Dignity*, Lagos, Nigeria, 2017

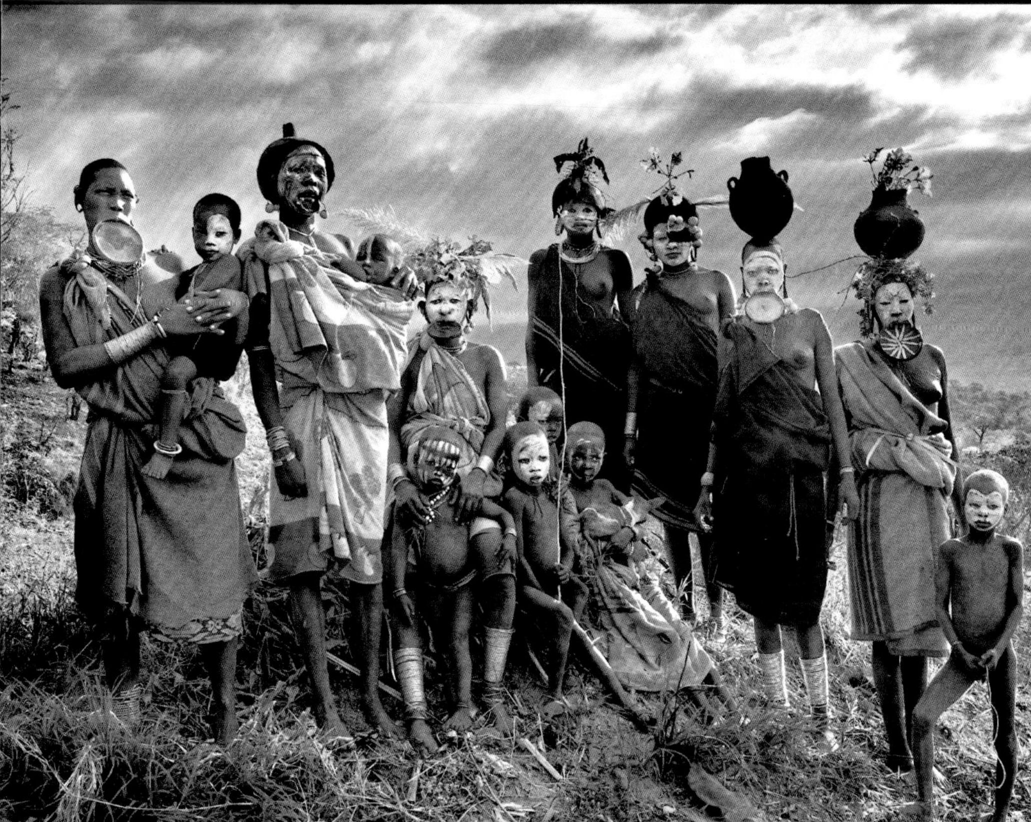

Ich führe ein sehr privilegiertes Leben. Ich reise viel und fotografiere die Natur – darunter auch bedrohte Spezies. Vielleicht tragen meine Fotos auf zweierlei Weise ein bisschen dazu bei, die Welt besser zu machen: Sie beschaffen Geld und sie wecken Bewusstsein. Es wäre unglaublich arrogant, vermessen und naiv zu glauben, dass meine Fotos allein eine Veränderung auslösen könnten. Aber wenn ich nur einen kleinen Funken im Bewusstsein für die außergewöhnliche biologische Vielfalt unseres Planeten entfachen kann, bin ich zufrieden. Jeder von uns steht in dieser Verantwortung und sollte seine Rolle dabei spielen. Schließlich sind wir nur Mieter auf diesem Planeten – und keine Eigentümer.

»Aus dem Verkauf meiner Werke haben wir 1,6 Millionen Pfund für wohltätige Zwecke eingenommen. Ich möchte der Welt etwas zurückgeben.«

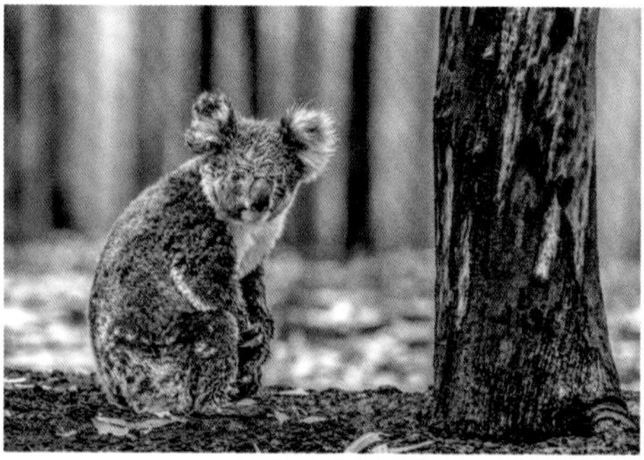

Ich bin heute in der glücklichen Lage, dass sich meine Bilder für viel Geld verkaufen. Im letzten Jahr haben wir aus dem Verkauf meiner Werke rund 1,6 Millionen Pfund für wohltätige Zwecke eingenommen. Ich möchte der Welt etwas zurückgeben, denn wie jeder von uns habe ich von ihr viele Geschenke erhalten.

Neben den Projekten WildArk und Global Wildlife Conservation habe ich an der Kampagne #KoalaComeback mitgearbeitet. Die Reaktion darauf war unglaublich mitreißend. Das Currumbin Wildlife Hospital in Queensland, Australien, hat bereits ein Spende in Höhe von 30.000 $ erhalten, die für lebensrettende Maßnahmen nach Waldbränden eingesetzt werden. Mein herzlicher Dank gilt allen großzügigen Spendern wie zum Beispiel Ken Sethi von Genesis Imaging in London, der die Bilder kostenlos gedruckt hat. Ich möchte sicherstellen, dass ich das Richtige tue, weil ich so dankbar dafür bin, dass ich das tun kann, was ich tue.

**Oben:** *Survivor*, Kangaroo Island, Australia, 2020
**Gegenüber, oben:** *Simon*, Igloolik, Nunavut, Kanada, 2013
**Gegenüber, unten:** *Omo Warrior*, Omo-Nationalpark, Äthiopien, 2015

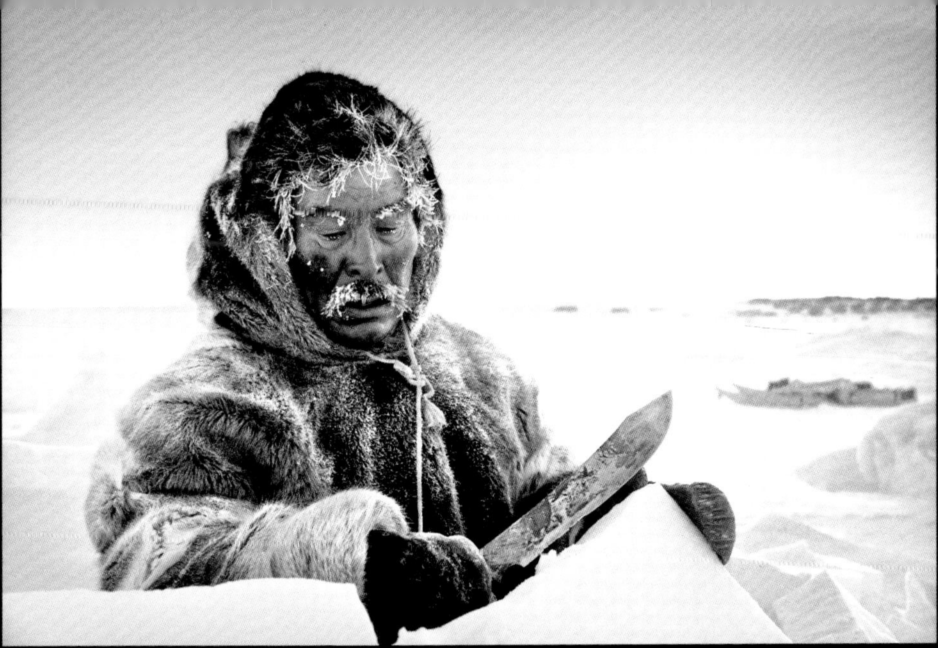

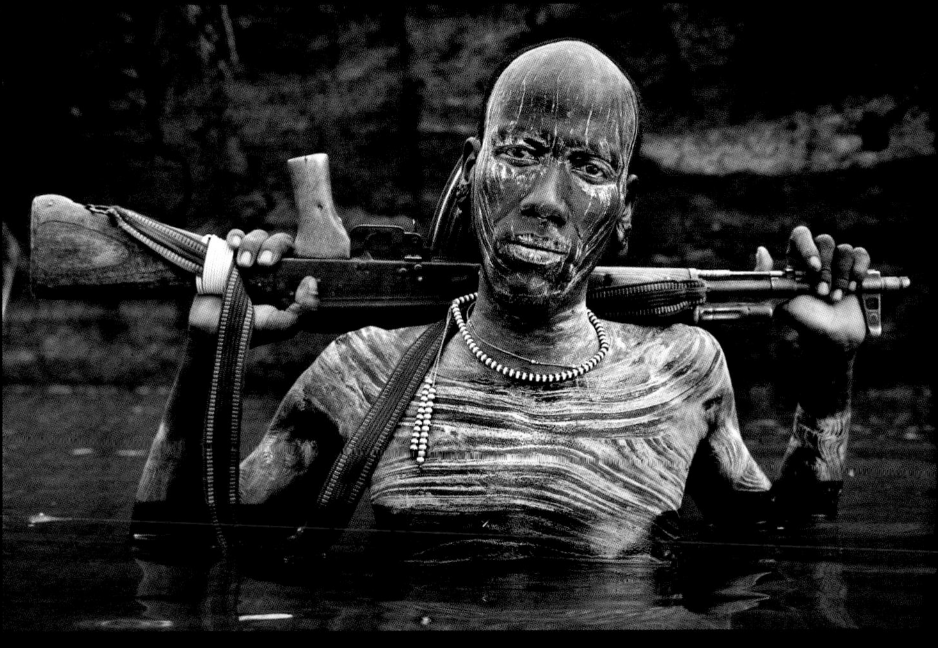

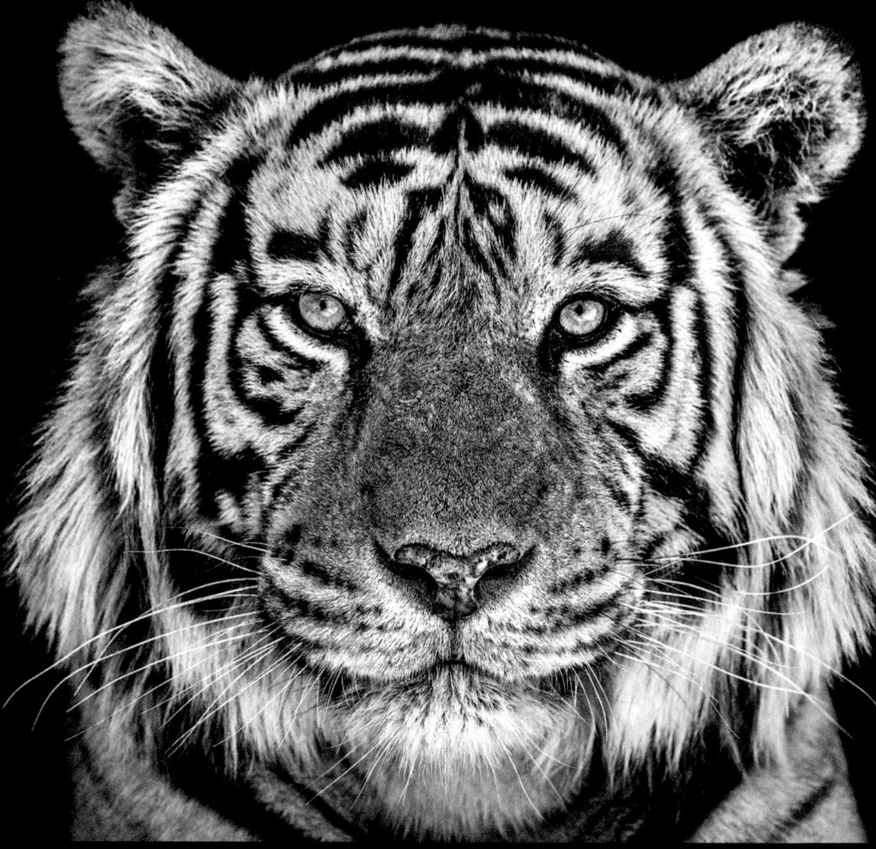

19

# Die Kunst des Fotodrucks

## *Der Druck muss Sie umhauen*

Der letzte Schritt des Fotografierens ist die Produktion des Drucks – eine Kunst für sich. Viele meiner Bilder werden in der Größe eines Billardtisches oder größer gedruckt. Dafür benötigt man professionelles Wissen und Erfahrung. Ich bin Fotograf, kein Experte in der Postproduktion und auch kein Drucker. Deshalb ist es meiner Meinung nach besser, dass ich das tue, was ich kann. Für das, was ich nicht kann, suche ich mir die Unterstützung der besten Leute ihrer Branche.

Ich arbeite mit einem sehr talentierten Mann zusammen – Joe Bernd –, dem Gründer und Geschäftsführer des größten Herstellers von großformatigen Drucken in Los Angeles. Im Laufe der Jahre habe ich seine Arbeitsweise kennengelernt, und Joe kennt meinen Stil in- und auswendig. Zudem weiß er, wie er den Druck meiner Vorstellung herstellen muss. Er erkennt Informationen, die ich nicht bemerkt habe, und setzt an wichtigen Stellen besondere Akzente. Solche Details und Nuancen sind für die Größe, in der meine Bilder gedruckt werden, extrem wichtig. Wenn das Foto zum Beispiel einen Eisbären zeigt, erkennt er Wassertropfen am Fell, die ich gar nicht gesehen habe. Bei einem Löwen, der über staubigen Boden rennt, sieht Joe wieder andere Details.

Wie bereits erwähnt, fotografiere ich gern unter möglichst kontrastreichen Lichtbedingungen. So ist das Licht zum Beispiel im Yellowstone-Nationalpark besonders dramatisch, wenn es sehr kalt ist und die Sonne scheint oder wenn die Sonne durch den

**Gegenüber:** *Rajasthan*, Ranthambore-Nationalpark, Indien, 2019
**Nächste Doppelseite:** *Exodus*, Amboseli-Nationalpark, Kenia, 2015

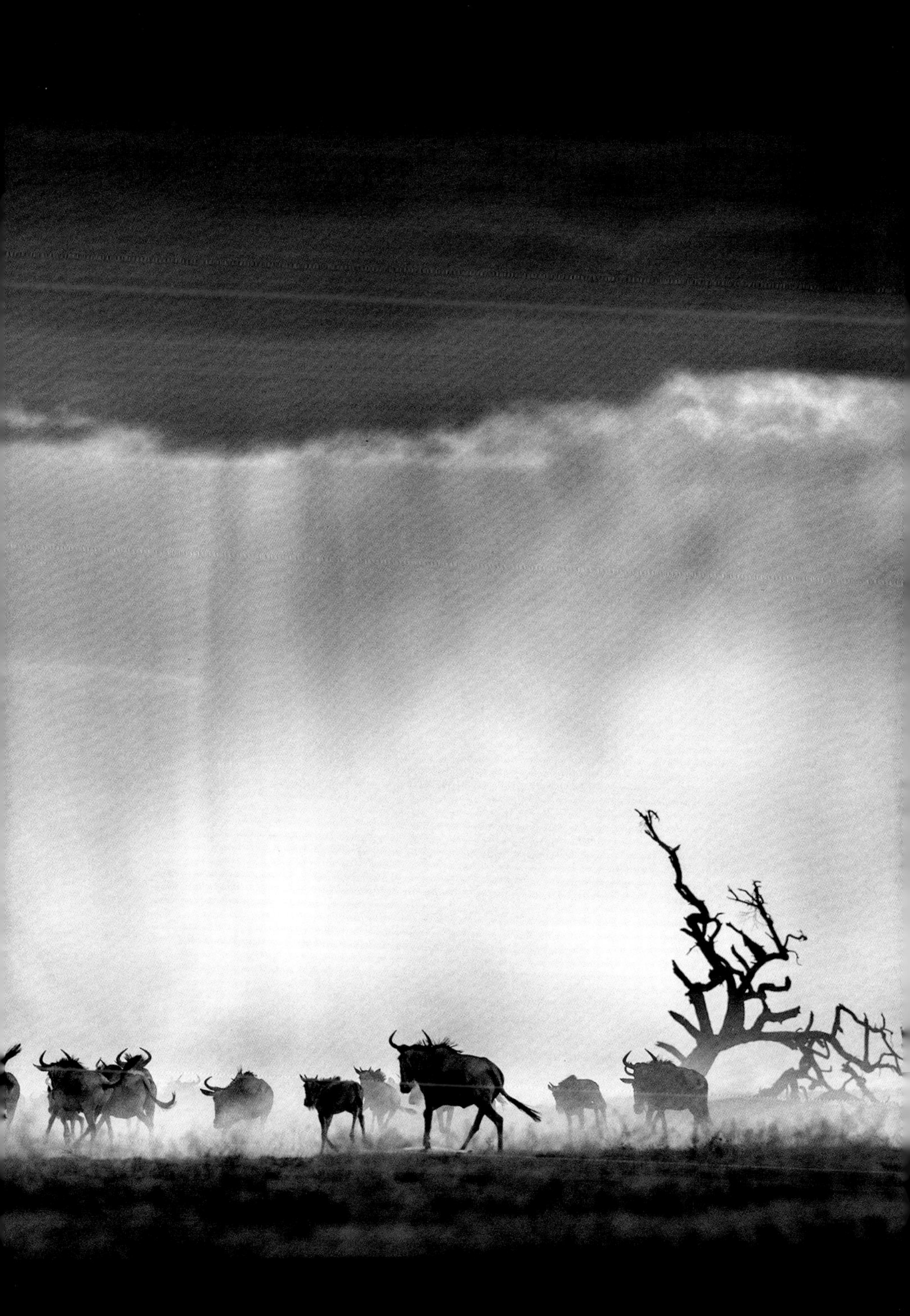

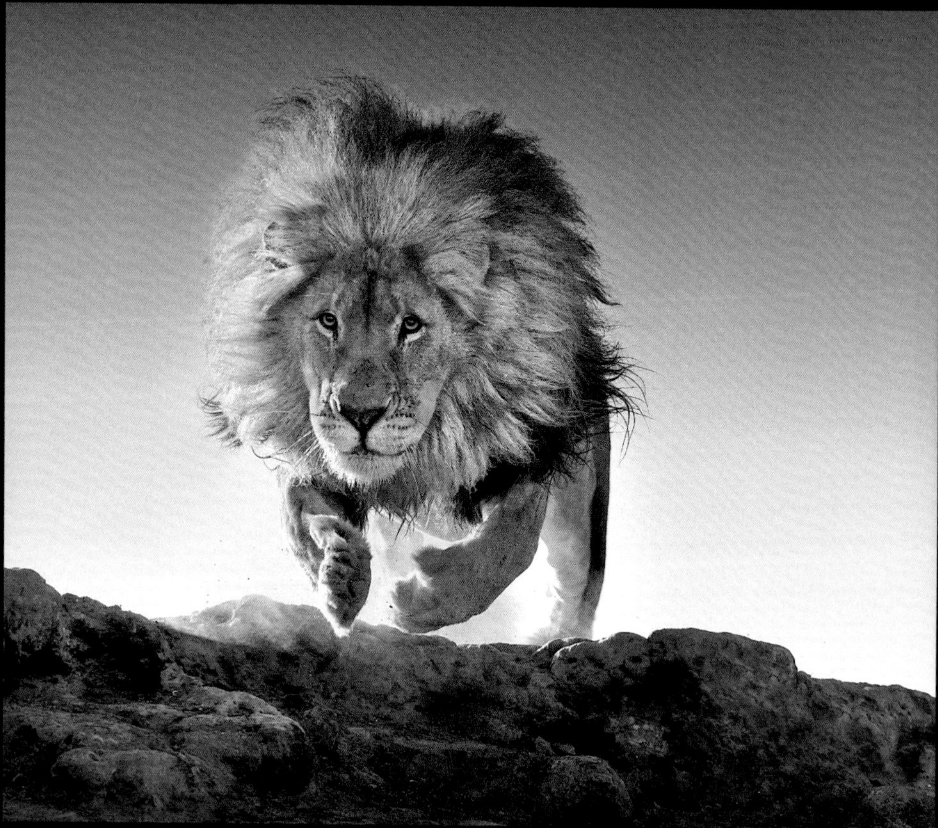

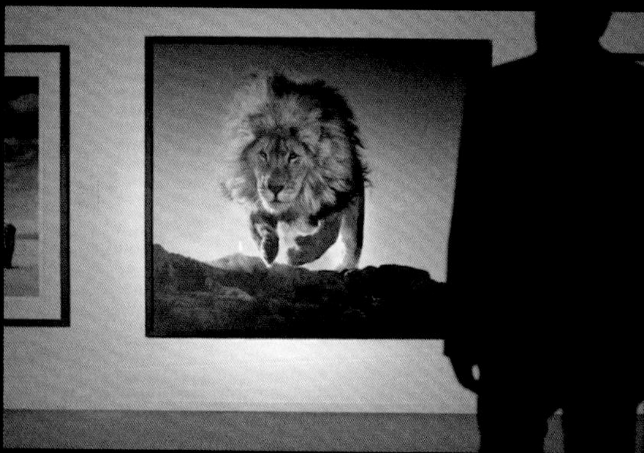

Nebel kriecht. Ich schaffe Bilder, die möglichst viele Informationen enthalten, und in der Zusammenarbeit mit Joe ergeben sich die unterschiedlichen Interpretationen der einzelnen Fotos.

Meine Werke sind vornehmlich schwarz-weiß, weil sie damit für mich in gewisser Weise zeitlos werden. Schwarz und Weiß sind nicht die Wirklichkeit, sondern eher eine Version davon. Sie verzeihen viel, bei neueren Kameras reicht schon ein ISO-Wert von 1.600 aus. Das ist praktisch, wenn ich in Innenräumen fotografiere und das vorhandene Licht nutzen möchte. Außerdem verwende ich gern den gesamten Tonwertbereich, also sozusagen alle 88 Tasten der Klaviatur. Ich mache Farbaufnahmen in RAW und konvertiere die Bilder, die ich auswähle, später in Lightroom in Schwarz-Weiß. Die Dateien von Fotos, die in RAW aufgenommen werden, enthalten unglaublich viele Informationen, anhand derer Sie das Bild später in einen hochwertigen Nachdruck verwandeln können.

Wichtig ist aber, dass das Bild gut ist. Es muss scharf sein und die richtige Belichtung haben, denn ein unscharfes Bild lässt sich später nicht mehr optimieren.

Als Kunstfotograf ist mir wichtig, dass meine Bilder keine Ablenkungen zeigen wie zum Beispiel einen Haufen Elefantendung. Ich versuche meine Fotos so zu gestalten, dass solche Elemente kaum oder gar nicht zu sehen sind. Aber manchmal ist das nicht möglich, und dann bitte ich Joe, solche Störfaktoren in der Bearbeitung zu entfernen. Wir fügen keinen ausbrechenden Vulkan hinzu, wo es keinen gibt, aber Ablenkungen entfernen wir schon.

Die Datei wird zuerst in Lightroom bearbeitet und danach in Photoshop finalisiert. Meist vergrößern wir das Bild und arbeiten an unterschiedlichen Bereichen gleichzeitig. Standardmäßig wird jede Datei in der Nachbearbeitung bereinigt. Eventuell heben wir Schattendetails (durch helleres Licht) leicht hervor. Den Kontrast erhöhen wir durch Ebenen und Masken, und wir sorgen dafür, dass das Weiß nicht zu ausgebrannt wirkt (durch Überbelichtung und fehlendes Detail) und das Schwarz nicht zuläuft (zu dunkel und nichtssagend wird). Fehler lassen wir nicht zu. Deshalb nehmen wir uns für jeden Druck viel Zeit und arbeiten sorgsam an jedem Detail, damit es so perfekt wie möglich wird. Die Änderungen, die wir vornehmen, sind sanft, natürlich und graduell.

Wenn wir ein Schwarz-Weiß-Bild aus einer RAW-Datei herstellen, gibt es kein Richtig oder Falsch. Nur der persönliche Stil diktiert, wie das Bild aussehen soll. Diesen Stil sollten Sie aber konsequent anwenden, denn wenn Sie in einem Bild mit weichen Mitteltönen arbeiten und im nächsten mit starken Kontrasten, werden sie Ihren Stil – in meinem Fall den Stil des Fotografen David Yarrow – nicht wiederfinden. Ich selber setze konsequent satte Schwarz- und Weißtöne ein und mein Motiv springt den Betrachter förmlich an.

Mit Joe arbeite ich schon so lange zusammen, dass ich mich sogar am Set häufig bei der Überlegung ertappe, wie das Bild wohl aussehen wird, wenn er es nachbearbeitet hat. Ich versuche bereits während der Aufnahmen, ihm seinen Job zu erleichtern.

**Joe Berndt**

*Die Arbeit bei BowHaus ist hoch spezialisiert und wir drucken sehr große Foto-Prints. Aber wenn Sie gerade am Anfang stehen und sich über guten Rat freuen, habe ich einige Tipps für Sie: Fotografieren Sie immer in RAW. Mit JPEGs legen Sie sich bereits im Moment der Aufnahme fest, und viele Dinge lassen sich bei der Nachbearbeitung kaum noch ändern. Mit einer RAW-Aufnahme können Sie die Datei später fast beliebig bearbeiten.*

*Schützen Sie Ihre Lichter bei der Aufnahme. Brennen Sie sie nicht aus. Und achten Sie auch auf die Schatten. In Photoshop oder beim Drucken ist es recht einfach, Schatten zu komprimieren und dunkler zu machen, aber wenn sie bereits zu dunkel sind, wird es schwer, Details hervorzuheben.*

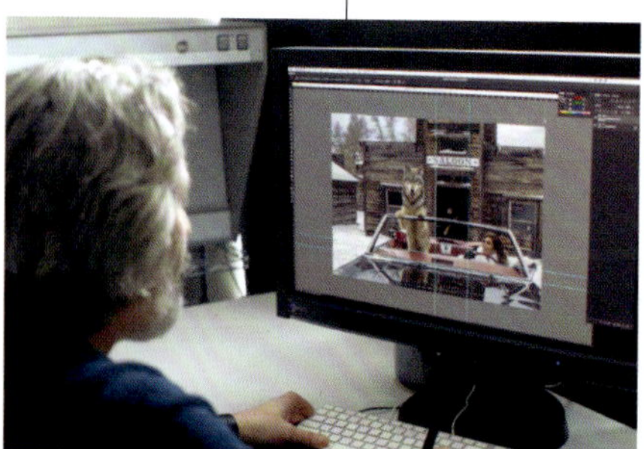

*Es gibt eine Unmenge von Papiertypen. Für Davids Bilder verwenden wir ein helles, zellulosebasiertes, hochwertiges Inkjet-Papier namens Hahnenmühle FineArt Baryta. Es handelt sich um ein mattglänzendes Papier mit hohem Schwarzpunkt und angenehmem Weißpunkt. So können Sie die Schatten sättigen und viel Tiefe im Druck erzeugen, und auch die Lichter lassen sich gut herausarbeiten.*



**Oben:** Joe Berndt bei der Arbeit

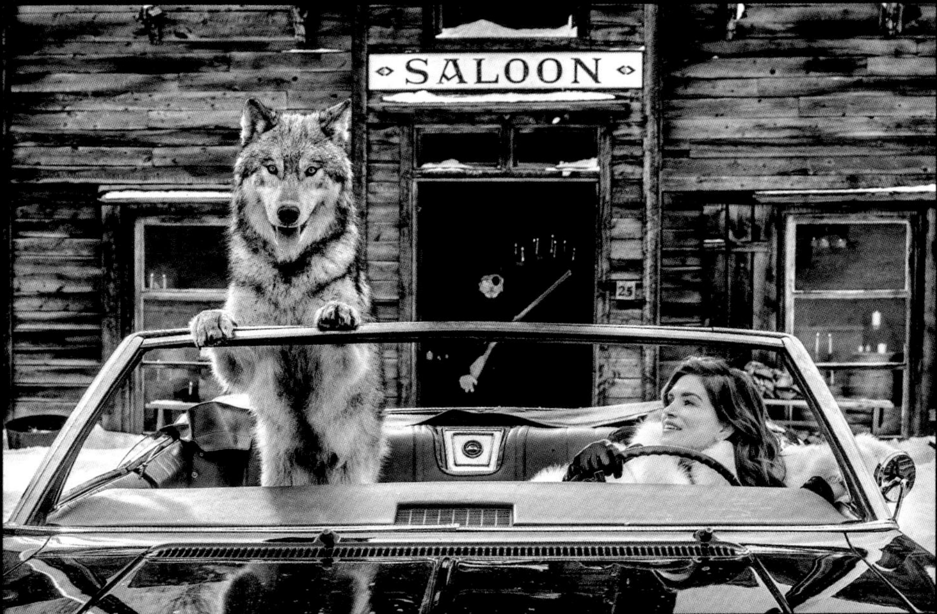


**Oben:** *Cindy's Shotgun Wedding*, Nevada City, Montana, USA, 2019

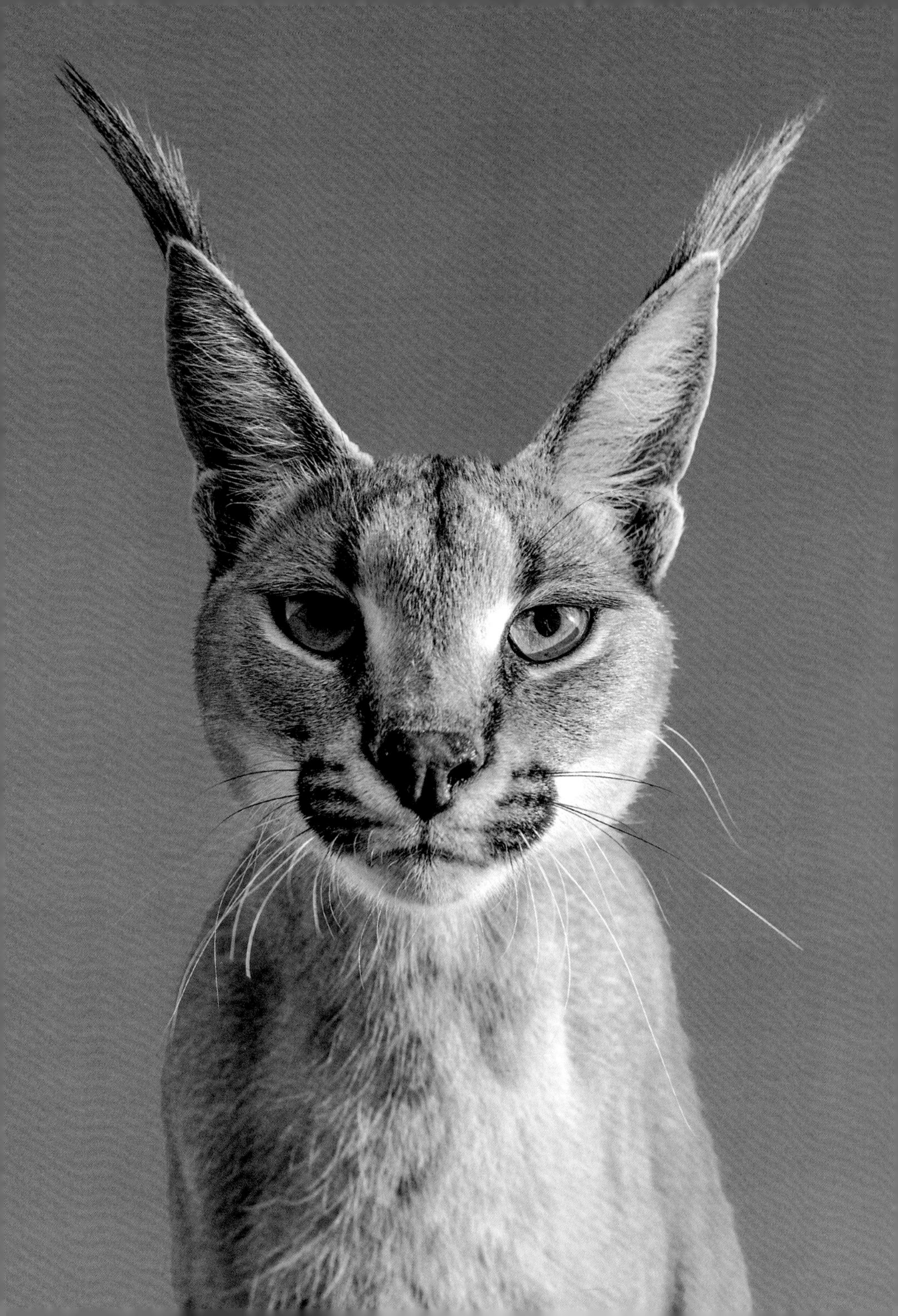

20

# Marketing gehört dazu

## *So verkaufen Sie Ihre Fotos und machen sich einen Namen*

Genauso wichtig wie das Fotografieren und Drucken der Fotos ist aus meiner Sicht auch das Geschäft: Machen Sie sich einen Namen und verkaufen Sie Ihre Arbeit. Wenn Sie von der Fotografie leben möchten, müssen Sie früher oder später über Geld nachdenken. In der heutigen Zeit muss man sich - egal mit welcher Art Kunst man sich beschäftigt - überlegen, wie man seine Werke zu Geld machen kann. Als ich mich entschied, hauptberuflich zu fotografieren und den Verkauf der Fotodrucke zu meiner einzigen Einkommensquelle zu ernennen, musste ich mir genau überlegen, wie das funktionieren soll.

Da ich zuvor einige Jahre im Finanzbereich gearbeitet hatte, verfügte ich über ausreichend Kapital, das ich in mein Unternehmen investieren konnte. Aber vor allem konnte ich auf meine Erfahrungen aus diesen Jahren bauen und ein Geschäftsmodell für die Fotografie entwickeln. Bevor ich das Geschäft vor etwa zehn Jahren im großen Stil begann, habe ich den Markt analysiert und überlegt, wie ich mit der Fotografie Gewinne erzielen könnte. Ich kam zu dem Schluss, dass der einzige Weg, ausreichend Geld zu verdienen, für mich die Kunstfotografie war.

Wenn Sie sich ebenfalls für diesen Weg entscheiden, müssen Sie eine überzeugende Marke gründen. Denn heute ist irgendwie jeder auf die eine oder andere Weise Fotograf. Davon sollten Sie sich durch ein Markenzeichen unterscheiden. Deshalb habe ich auch alle Mühe und all mein Können investiert, Bilder zu

**Gegenüber:** *Harry Potter*, Namibia, 2019

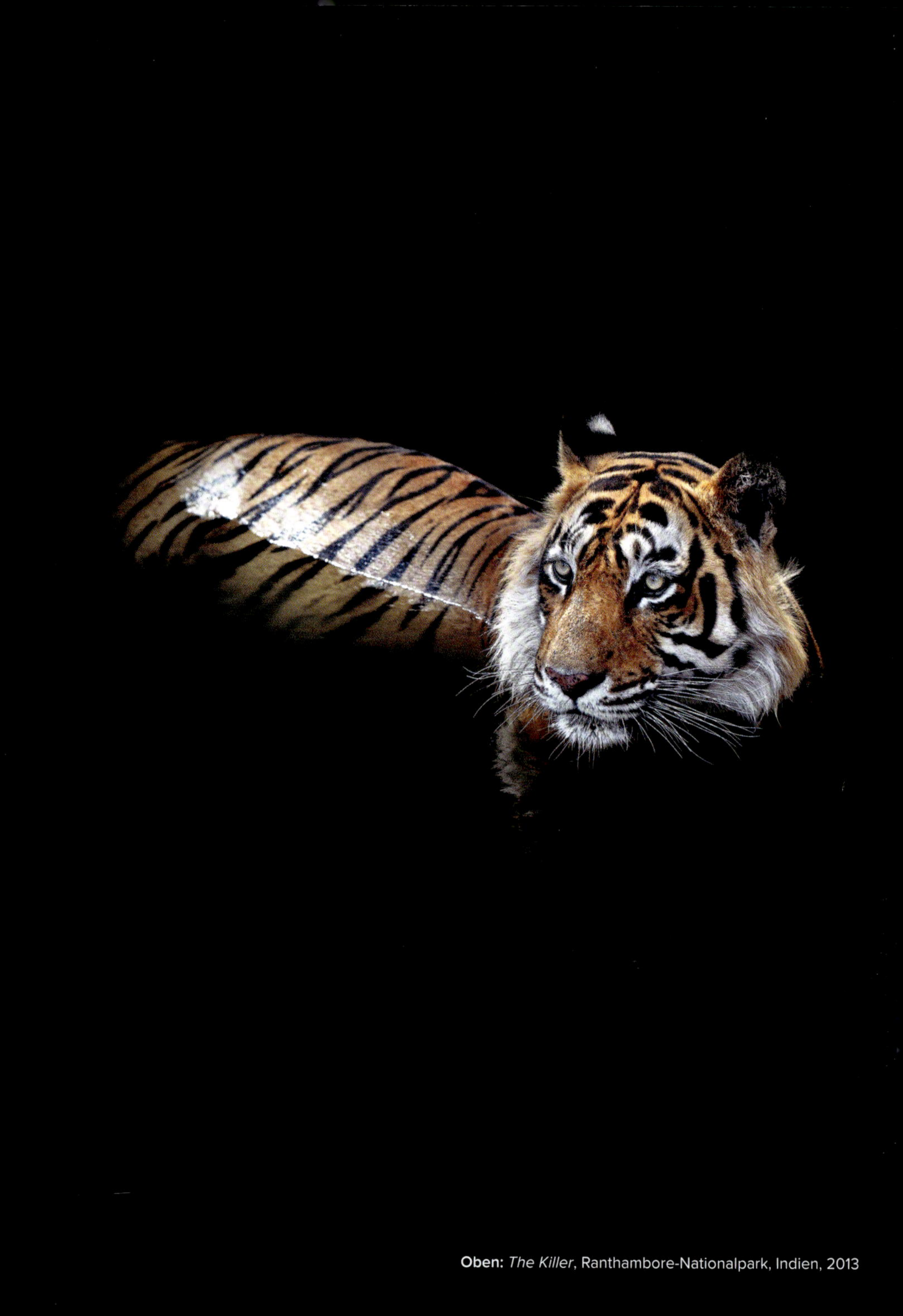

**Oben:** *The Killer*, Ranthambore-Nationalpark, Indien, 2013

machen, die als »David Yarrows« erkannt werden. Für mich und meine Marke bedeutet das: vor allem auffällige Schwarz-Weiß-Fotos mit einem extrem scharfen Motiv, das aussieht, als ob es aus dem Bild herausspringen möchte. In meinen Fotos ist auch das kleinste Detail erkennbar, da die Drucke sehr groß sind. Und ich hoffe, dass die Betrachter von dem, was sie sehen, berührt werden. Ich versuche also, den Betrachter so nah wie möglich an die Natur und ihre wunderbaren Geschöpfe heranzubringen oder ihn in die Szene, die ich erschaffen habe, einzubeziehen.

Aber gerade weil ich einen gewissen Erfolg verzeichnen kann, gibt es auch Leute, die mich kritisieren –, das ist unvermeidlich. »Er kann gut mit der Kamera umgehen, aber er ist ein Unternehmer«, wird über mich gesagt. Das soll mich verletzen, tut es aber nicht. Viel schlimmer wäre für mich, wenn man mir vorhielte, ich sei ein schlechter Unternehmer.

Geld mit dem Fotografieren zu verdienen, wird immer schwieriger, sie müssen es also intelligent und wohlüberlegt angehen. So verkaufe ich zum Beispiel nur limitierte Editionen auf dem Kunstmarkt. Damit schaffe ich einen Anreiz, die Werke werden rar, begehrenswert und schwer zu bekommen. Es ist sinnlos, ein Kunstwerk zu erschaffen und davon 500 Kopien zu drucken wie bei einer Plakatauflage. Meist produziere ich zwei Editionen à 12 Stück – das ist alles. Und wenn jemand anruft und fragt, ob er 24 Drucke haben kann, sage ich: »Tut mir leid, das geht nicht.« Auch der Preis muss so hoch sein, dass ein Druck wertvoll, limitiert und exklusiv wird. Beim Verkauf von Fotodrucken dreht sich alles um Herkunft, Qualität und Echtheit.

Es hört sich vielleicht vulgär an, aber ich finde, jeder sollte Unternehmer sein. Sie müssen Kontakt zu Ihrer Zielgruppe aufbauen. Ich beschäftigt mich etwa 100 Tage im Jahr mit Fotografieren, aber an sehr viel mehr Tagen dreht sich meine Arbeit um die Vermarktung meiner Werke und meiner Person.

Aus meiner Sicht hat mein Job zwei Seiten. Zum einen die kreative Seite, die natürlich die Grundlage für alles ist, denn ohne die Kunst bin ich kein Künstler. Zum zweiten muss man als Künstler aber auch an die Öffentlichkeit gehen und verkaufen. Ich tue das in der Regel, indem ich Geschichten erzähle. Auf meiner Website hat jedes Foto einen Namen oder Titel und ich versuche, die Geschichte zu erzählen, die hinter jedem Bild steckt. So erfahren die Interessenten ein bisschen mehr. Eine gute Idee ist es auch, die Menschen über soziale Medien zu informieren.

Eine weitere interessante Einnahmequelle sind Bücher. Das Geld, das ich mit meinen Büchern verdiene, fließt in den Naturschutz. Außerdem sind die Bücher meine Visitenkarte. Durch sie kann ich zeigen, dass ich mich für den Naturschutz engagiere, und zwar in einem Format, das für die Kunden erschwinglich ist.

In das Buch, das ich beim Rizzoli-Verlag publiziert habe (*David Yarrow Photography,* 2019) investierten wir viel Zeit und Mühe für perfekte Fotos und einen hochwertigen Druck. Außerdem schrieb ich Geschichten, wie die Fotos entstanden waren –, das war mir wichtig. Gut gemachte Bücher sind teuer in der Herstellung. Aber sie sind ein gutes Markenzeichen, eine Art Schaufenster Ihrer Arbeit. In den Büchern, die ich veröffentliche, öffnet jedes Detail – von den Fotos über die Texte bis hin zum Design – einen Blick in meine Seele und meinen Modus operandi als Fotograf. »Reichweite« ist ein wichtiges Wort für den Verkauf von Fotografien. Wie groß ist Ihre Reichweite? Arbeiten Sie unbedingt mit Partnern zusammen, um diese zu erweitern. Galerien sind ein guter Partner, aber es kostet Zeit, diese Welt zu erobern.

Mein Tipp für die Zusammenarbeit mit Galerien: Geben Sie nicht auf. Meine heute wichtigste Galerie hat mich mehrfach abgewiesen, bevor es zu einer Zusammenarbeit kam. Aber gehen Sie nicht zu früh zu einer Galerie, sondern warten Sie ab, bis Sie ein Portfolio von 12 bis 15 richtig guten Werken haben.

Ich hoffe, Sie hatten Freude an diesem Buch. Vielen Dank, dass Sie mich auf dieser Reise begleitet haben. Einige letzte Ratschläge möchte ich Ihnen noch mit auf den Weg geben: Haben Sie keine Angst, Sie selbst oder die Kamera könnten schmutzig werden. Legen Sie los. Investieren Sie Mühe und Zeit. Verfolgen Sie Ihre eigene Vision, streben Sie unablässig nach höchster Qualität, lernen Sie aus Ihren Fehlern und seien Sie Ihr eigener Chef. Und der wichtigste Tipp: Haben Sie Spaß am Fotografieren! Ihre Leidenschaft und Entschlossenheit spiegeln sich in Ihren Bildern wider. Ich wünsche Ihnen viel Erfolg beim Fotografieren!



**Gegenüber:** *Black Beauty*, Borana, Kenia, 2019

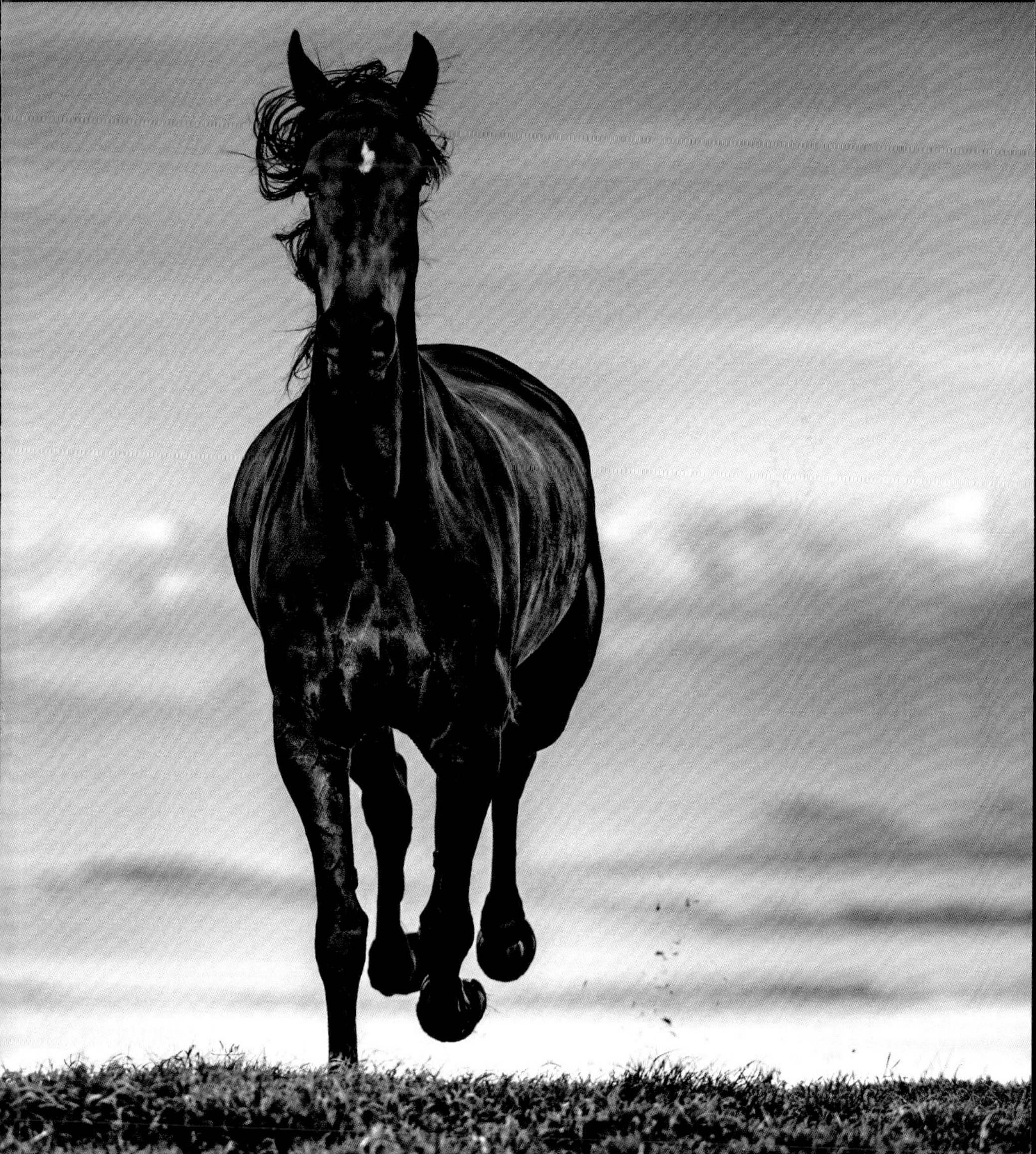

# Dank

Herzlichen Dank an David Cannon, Simon Britty und die inspirierenden Filmemacher Steven Spielberg, Martin Scorsese und Ridley Scott.

David Yarrow

Davids Streben nach absolut perfekten Fotografien ist unvergleichlich. Seine Kreativität ist bemerkenswert, er kann die Kombination aus Motiv, Licht und Ort wunderschön in seinem Bild gestalten und darstellen. Während der Produktion von Masters of Photography wurden wir Zeuge davon, wie David an den entlegensten Orten der Welt seine erstaunlichen Bilder erschafft. Er reist von den schneebedeckten Bergen in Montana zu den heißen Ebenen von Amboseli und nimmt jede fotografische Herausforderung mit vollendeter kreativer Motivation an. Ein wirklicher Meister seiner Kunst.

Vielen Dank, David, für deinen Großmut und deinen ungebremsten Willen, dein fotografisches Ethos im Rahmen dieses Projekts mit uns allen zu teilen. Du hast uns gezeigt, wie wir die Latte für unsere eigene Arbeit immer höher legen können. Deine Einblicke sind eine faszinierende und spannende Bereicherung für uns.

Ein besonderer Dank gilt Alex Ames und dem ganzen Team von David Yarrow für all die Unterstützung und Motivation in diesem Projekt. Herzlichen Dank an den Mitbegründer von Masters of Photography, Gilles Storme, für die großzügige Unterstützung und kontinuierliche Hilfe seit den Anfängen des Projekts. Danke an unseren Kreativdirektor Robon Harvey und unseren Rechtsberater Alex Weiner. Und auch dem wundervollen Team von Masters of Photography gilt unser herzlicher Dank: Stuart Ashton, Laurent Breillat, Nadia Downie, Olivia Harvey, Nick Mays, Patrick Rutledge, James Stringer und Camilla Wyatt.

Danke an alle Filmemacher, Crew- und Produktionsteams auf der ganzen Welt, die über Monate hinweg hervorragende Arbeit geleistet haben, um die Filmepisoden zu drehen, auf deren Grundlage dieses Buch entstanden ist.

Herzlichen Dank auch an alle Mitarbeiter von Laurence King Publishing, die uns zur Veröffentlichung dieses Buchs ermutigt und dabei unterstützt haben.

Chris Ryan
Gründer von Masters of Photography

# Die Autoren

**David Yarrow**
Der berühmte Fotograf David Yarrow hat unvergessliche und eindrucksvolle Fotos der gefährdeten Spezies des Planeten in ihrem natürlichen Lebensraum aufgenommen. Seine Arbeiten leisten einen wichtigen Beitrag zur Tier- und Naturschutzbewegung.

**Masters of Photography**
Das Ziel von Masters of Photography ist es, die größten Meisterfotografen der Welt zusammenzubringen, damit wir von ihnen lernen und Anleitungen erhalten können. In den Kursen geht es nicht um Kameratechnik. Es sind vielmehr inspirierende und persönliche Lektionen, in denen ihr Wissen, ihre Arbeitsweise und ihre Philosophie zusammengetragen werden. Wir wollten eine Art »Spaziergang« mit unseren Meisterfotografen organisieren, bei dem sie uns lehren, wie wir unsere Augen und unser Gehirn nutzen, um Fotos zu konzipieren und zu erschaffen, die unsere Sicht auf die Welt um uns herum interpretieren.

# Bildnachweise